내가 선 곳,
거룩한 땅

내가 선 곳,
거룩한 땅

© 생명의말씀사 2015

2015년 6월 29일 1판 1쇄 발행
2025년 12월 23일 16쇄 발행

펴낸이 | 김창영
펴낸곳 | 생명의말씀사

등록 | 1962. 1. 10. No.300-1962-1
주소 | 서울시 종로구 경희궁1길 6 (03176)
전화 | 02)738-6555(본사)・02)3159-7979(영업)
팩스 | 02)739-3824(본사)・080-022-8585(영업)

지은이 | 엄기영

기획편집 | 구자섭
디자인 | 김혜진, 최윤창
인쇄 | 영진문원
제본 | 보경문화사

ISBN 978-89-04-16504-9 (03230)

저작권자의 허락 없이 이 책의 일부 또는 전체를
무단 복제, 전재, 발췌하면 저작권법에 의해 처벌을 받습니다.

내가 선 곳,
거룩한 땅

서문

"뭐지, 왜 그렇지?"

나는 어린 시절 주일학교를 다니면서부터, 신앙에 대한 크고 작은 질문들을 늘 안고 있었다.

하나님은 누구에 의해 어떻게 존재하게 되었는지? 선악과는 왜 만드셨는지? 따먹지 말아야 한다면, 아담과 하와가 따먹지 않도록 왜 그들을 완벽한 인간으로 만들지 않았지? 예정되고 택함을 받은 사람만 하나님의 자녀가 될 수 있다면 아무리 전도해도 선택받지 못한 사람은 예수를 믿을 수 없을 텐데, 왜 모든 사람에게 전도하라고 하지? 인생의 제일 목적이 오직 하나님의 영광을 위한 것이라면, '나'라는 존재는 무엇이지? 나는 하나님을 위해 역사라는 무대 위에 올려진 꼭두각시인가? 등등. 특히 신학적이고 교리적인 문제에 대한 궁금증이 많았다. 아무리 설교를 들어도 이런 궁금증이 해결되지 않았다. 그래도 교회는 열심히 다녔다.

내가 다니던 교회는 매우 보수적이어서 술, 담배를 엄격히 금했다. 술, 담배를 하는 사람은 타락한 사람으로 취급당했다.

"왜 하나님은 술, 담배를 그렇게 싫어하실까?"

"왜 술, 담배가 그렇게 죄가 되는 걸까?"

지금과 다르게, 그때는 예배의 엄숙함을 무척 강조하던 시대였다. 예배 시간에 다리를 꼬고 앉는다거나 박수를 친다거나 큰소리로 기도하는 행위는 엄격하게 금지됐다. 또한 주일 성수를 무척 강조하여 주일에 물건을 사고팔아서도, 심지어 공부 해서도 안 되었다. 주일에 자격시험이나 취직 시험을 보러 가지 않는 것을 큰 간증거리로 삼기도 했다.

나도 겉으로는 그런 엄격하고 보수적인 분위기를 따르고 있었지만, 속으로는 "왜 그렇지, 왜 그럴까?" 하는 질문이 계속 됐다.

나는 모 교회를 통해 "죽으면 죽으리라"는 일사각오(一死覺悟)의 신앙과 말씀 중심이라는 신앙의 귀한 정신을 배웠다. 하지만 왜 그래야 하는지에 대해서는 충분한 이해가 부족했다. 온갖 의구심과 질문이 떠올랐고, 답답하기만 했다.

"여러분, 우리는 말씀대로 살아야 합니다. 말씀이 가라고 하면 가고, 서라고 하면 서야 합니다. 우리는 말씀대로 살아야 합니다."

그런데 정작 말씀의 내용이 무엇인지는 잘 배우지 못했다. 다만 "말씀대로 살아야 한다"는 것만을 목숨 걸고 지켜야 했다. 그렇다 보니 어떤 말씀에 멈추고, 어떤 말씀에 가야 하는지, 또 구체적으로 어떻게 살아야 하는지 알 수가 없었다. 예수 믿으면 으레 그래야 하는 행동, 해서는 안 되는 규범 같은 것에 매여 살았다.

예수 믿고 교회 생활 열심히 하고 죄짓지 않으면, 이 땅에서 복을 받아 누리다가 죽어서 천국 가는 것 정도로 기독교를 이해했다. 내면에서는 예수님과 인격적인 사귐을 갖지 못한 채, 그저 외형적인 신앙에만 젖어 있었다. 어쩌다 마음속에 가득 찬 성경에 대한 궁금증과 의구심을 신앙의 선배들에게 물을라치면, 그때마다 그냥 덮어놓고 믿으라는 답변만 듣곤 했다.

덮어놓고 무조건 믿으라니!

죄에 대해서도 그렇다. 나는 성경에서 말하는 죄가 무엇인지 정확히 몰랐다. 단지 십계명이나 윤리 도덕적인 규례를 어기는 것으로만 알았다. 죄를 지으면 하나님의 심판이 있고, 죄를 짓지 않으면 하나님의 축복이 있다고 배웠다. 나는 죄를 짓고 싶지 않았다. 그런데 다시는 죄를 안 짓겠다고 하나님 앞에 회개기도를 하고 다짐도 했지만, 여전히 같은 죄를 반복하기 일쑤였다.

주일 예배에 거의 빠지지 않았으며, 학생회 회장도 하고, 성경퀴

즈대회 나가서 1등도 하고, 주일학교 교사도 하고, 성가대도 했다. 목사님의 사랑도 받았다. 주변 사람들로부터 "넌 참 신앙이 좋다"는 이야기도 듣고 인정도 받았다. 하지만 정작 나는 한 번도 그런 칭찬에 마음으로 동의한 적이 없었다.

아무도 나의 내면에서 일어나는 갈등을 알지 못했다. 갈등이 심했지만, 그냥 망각의 창고에 집어넣고 없어지기만을 기다렸다. 그러면서 교회에서는 거룩한 척하는 내가 정말 이중인격자 같고 위선자 같았다. 죄의식과 죄책감 때문에 나 혼자만의 시간이 다가오면, 사람들을 속이는 것 같은 내 모습이 싫었다.

하나님의 자녀라고 믿고 있지만, 세상의 가치관으로 형성된 비교의식과 열등감이 나를 지배했다. 경제적으로 넉넉하지 못한 가정 형편, 아버지의 직업, 외모로 인해 열등감을 겪었다.

"하나님, 저를 축복해 주세요. 저 좀 써 주세요. 평안하고 잘되게 해 주세요."

나도 사람들한테 인정받는 부러움의 대상이 되고 싶었지만, 현실은 이상과 너무나도 멀었다. 그 차이에서 오는 열등감을 극복하기 위해 하나님께 매달려 축복을 간구했다. 하지만 하나님은 내 기도와 소원을 들으시는지 아닌지 알 수가 없었다. 그렇게 기도해도 환경은 눈에 띄게 달라지지 않았다.

열등감 문제는 백번 양보해서 내가 노력하지 않았기 때문이라고 하자, 그런데도 운명처럼 주어진 고난과 어려운 환경은 어쩌라는 말인가? 우리 집에는 간질로 인해 지적 장애를 앓고 있던 누나가 있었다. 누나는 복음을 이해할 수 없는데, 거듭날 수 있을까? 구원받을 수 있을까? 누나가 이렇게 된 것은 누구의 죄 때문일까?

어떤 이는 정말 좋은 환경을 갖고 태어난다. 하지만 어떤 이는 아픔과 고통을 안고 태어난다. 국가, 부모, 외모는 태어날 때부터 주어진 것이지 스스로 선택할 수 없는 것이지 않은가?

어떤 이는 부모의 이혼으로 한부모 가정에서 자란다든지, 예기치 않은 사고로 형편이 어려워져 학교를 제대로 다니지 못하는 등 자신의 의지와는 전혀 관계없이 주어진 환경에서 자란다.

나는 하나님께 이렇게 태어나게 해 달라고 말씀드린 적이 한 번도 없다. 하지만 스스로 선택하지 않은 이러한 환경은 우리 인생에 너무 깊은 영향을 끼쳐 불행과 고통을 안겨 주기도 한다.

여러 갈등을 해결하지 못한 채 신앙생활하는 나에게, "내가 온 것은 양으로 생명을 얻게 하고 더 풍성히 얻게 하려는 것이라"(요 10:10)는 말씀은 또 다른 갈등의 요소였다.

양으로 생명을 얻게 하시는 것은 믿을 수 있지만, 풍성한 삶을 살게 하는 것에는 의문이 생겼다. 어떤 때는 풍성함을 누리는 것 같지만, 항상 풍성한 삶을 사는 것 같지는 않았기 때문이다.

이렇게 갈등과 의구심이 많은 것이 내가 성령 충만하지 않기 때문이라고 생각했다. 그래서 성령의 불세례를 받고, 뭔가 뜨거운 체험을 하면 이런 갈등과 죄에서 벗어날 수 있다고 믿었다.

'성령의 불을 받고 하나님을 한 번만 제대로 만나면, 정말 거룩하게 살 수 있을 거야. 내가 성령 충만해지면 신령과 진정으로 하나님을 섬기게 되고 죄도 눈곱만큼도 짓지 않을 거야. 더는 이런 갈등, 죄, 열등감, 운명 같은 문제로 흔들리지 않을 거야.'

이런 기대감으로 한때 부흥회나 간증 집회를 열심히 쫓아다녔다. 때론 가슴 속이 불처럼 뜨거워지고 충만한 듯한 느낌을 체험하기도 했다. 하지만 오래가지 않았다. 무슨 배터리도 아니고 성령 충만한 감정은 일주일, 한 달도 못 되어 방전되기 일쑤였다. 여전히 내 삶은 같은 문제로 힘들었다.

상황은 이러했지만, 하나님께서 나를 목사로 부르셨다는 생각은 떨칠 수가 없었다. 결국 신학대학에 입학했다. 그리고 군에 입대했다. 군에서 군종 사병이 되어 마치 군목처럼 군대 교회를 열심히 섬겼다. 매주 하는 설교와 군 목회는 그때까지 나의 전통적인 신앙생활을 총정리하는 계기가 되었다. 그러나 여전히 무언가 채워지지 않는 신앙생활에 관한 갈등을 품은 채, 제대했다. 그런데 제대 후에

지인에게 소개받은 교회와 대학부 활동, QT를 비롯한 제자훈련, 신학교 수업 등은 내 생애를 바꾸어 놓는 중요한 계기가 되었다.

그리고 긴 시간이 흘렀다. 그동안 하나님께서 내 인생에서 이 사람과 저 사람, 이 책과 저 책, 이런 강의, 저런 강의 그리고 삶에서 일어난 여러 가지 사건들을 통해 주셨던 깨달음이 함께 모여 어렴풋이 길이 보이기 시작했다.

'아, 기독교라는 게 이런 거구나! 그래, 성경에서 말하는 진리는 이런 거야!' 신앙생활에서 일어났던 고민들이 하나 둘 정리되면서 갈등과 의구심에서 벗어날 수 있었다. 기독교가 말하는 신앙의 본질, 성경의 진리가 주는 자유함을 누리게 되었다.

이 책은 어느 대학청년부 수련회에서 강의했던 내용을 녹취해서 정리한 것이다. 이 책은 단순히 여러 책을 읽고 이론을 정리한 게 아니다. 어떤 면에서 지난 40년간의 나의 신앙생활을 정리한 것이다. 상처 입은 치유자로서 하나님께서 내게 주셨던 말씀을 나누기 위한 책이다. 그렇다고 단순한 간증을 담은 책도 아니다. 성경의 진리를 바르게 앎으로 누리게 된 참된 자유에 관한 책이다. 신앙생활은 개인적이고 주관적이다. 하지만 객관적인 성경의 울타리에서 검증받아야 한다. 그렇지 않으면 잘못될 수 있다. 신학이 하나님에 대한 이야기라면, 신앙은 그 하나님을 경험하는 삶이다.

이 책의 내용은 내가 소유한 구원을 단지 개인적이고 주관적으로 이해하기보다는, 좀 더 객관적이고 우주적인 하나님의 전 구원 역사로 바라보게 하는 내용이다. 그리스도인의 진정한 자유는 성령 안에서 하나님의 말씀을 바르게 이해하고 깨닫고 실천할 때 생기는 열매이다.

나는 이 책을 통해 수많은 갈등과 질문과 사건 속에서 나를 떠나지도 버리지도 않으시고 내 삶을 누비며 지나가셨던 하나님의 하나님 되심, 하나님의 열심, 하나님의 은혜를 말하고 싶다. 비록 연약했고, 또 많은 고통을 겪었지만, 신실하게 내 삶을 이끄시며 진리를 아는 자리로 인도하신 하나님에 대해 이야기하고 싶다. 그리고 내게 역사하셨던 하나님이 독자들의 인생 가운데 역사하고 계심을 말하고 싶다.

"말씀이 육신이 되어 우리 가운데 거하시매 우리가 그의 영광을 보니 아버지의 독생자의 영광이요 은혜와 진리가 충만하더라. … 율법은 모세로 말미암아 주어진 것이요 은혜와 진리는 예수 그리스도로 말미암아 온 것이라"(요 1:14, 17).

"진리를 알지니 진리가 너희를 자유롭게 하리라"(요 8:32).

은혜와 진리이신 예수께서 성령 안에서 참된 자유와 풍성함을 누릴 수 있도록 우리를 이끌어 주시기를 간구한다.

목차

서론 _5

1 PART
내가 선 곳, 거룩한 땅

1_ 하나님 나라는 죽어서만 가는 나라가 아니다 _21

우리 신앙에는 무엇이 필요할까? / 예수님이 전한 핵심 메시지 / 천국이 죽어서 가는 곳이라고? / 오해의 출발 / 우리 안에 들어오신 하나님 나라 / '구원받았다'는 의미 / 측량할 수 없는 하나님 나라의 절대가치

2_ 성경을 관통하는 하나님 나라 이야기 _43

: 나는 너희 하나님이 되고 너희는 나의 백성이 되리라

이야기의 출발 / 아담과 맺은 언약 : 행위 언약 / 아브라함과 맺은 언약 : 은혜 언약 / 모세와 맺은 언약 : 율법 언약 / 다윗과 맺은 언약 : 왕국 언약 / 선지자들과 맺은 언약 : 새 언약 / 주의 날이 이르리라 / 언약의 성취자 : 하나님의 어린 양 / 하나님 나라의 선포 / 새 하늘과 새 땅 / 나는 너희 하나님이 되고 너희는 나의 백성이 되리라

2 PART
가인의 문화에서 하나님의 백성으로 살아가기

3_ 죄 많은 세상에서 그리스도인으로 사는 법 _87

하나님을 아는 지식 / 하나님의 시간표 / 왜 원죄가 내 탓이야? / 인간의 시간으로 들어오신 하나님 / 새로운 질서 / 가인의 문화, 자기 힘으로 살아가야 하는 세상 / 가인의 문화 안에 있는 하나님의 나라 / 허구뿐인 고지 점령론 / '이미' 와 '아직'의 긴장 관계 / 하나님의 통치를 받는다는 의미 / 믿음의 시작

4_ 〈하나님 나라의 시민〉으로 살아가는 삶 _129
: 기독교인으로서 살아간다는 의미

기독교는 종교일까, 삶일까 / 무엇이 다른가? / 신앙생활은 하나님의 다스림에 순종하는 삶이다 / 신앙생활은 주님과 교제하는 삶이다 / 신앙생활은 성령의 인도함을 받는 삶이다 / 신앙생활은 하나님을 알아 가는 삶이다 / 신앙생활은 일원론적 삶이다 / 신앙생활은 하나님의 영역주권을 인정하는 삶이다

3 PART
거룩한 땅에서의 자유

: 하나님 나라의 특권

5 _ 율법으로부터의 당당한 자유 _ 165
: 성령을 좇아 살아가라

율법을 성취하러 오신 예수님 / 새로운 삶의 방식 / 성령 충만한 삶이란? / 하나님 사랑, 이웃 사랑 / 그리스도인의 행위 기준

6 _ 죄로부터의 완전한 자유 _ 191
: 주님과의 교제를 최고 우선순위에 두라

그리스도인의 내적 갈등 / 성령이 주는 죄의식 vs 사단이 주는 죄의식 / 기독교의 죄와 다른 종교의 죄는 어떻게 다른가? / 사단의 속임수 / 우리를 의롭게 하신 십자가의 사랑 / 주님으로 가득하라

7 _ 열등감으로부터의 자유함 _ 213
: 부르심과 은사로 살라

세상의 힘, 그 잣대와 열등감 / 열등감 극복하기 / 부르심과 은사로 살라

8 _ 내게 주어진 환경으로부터의 자유 _ 233
: 하나님의 주권을 인정하라

하나님의 주권을 인정하는 삶

맺는 말 나는 너희 아버지가 되고 너희는 나의 아들이 되리라 _ 241

내가 선 곳,
거룩한 땅

너희는 이 세대를 본받지 말고
오직 마음을 새롭게 함으로 변화를 받아
하나님의 선하시고 기뻐하시고 온전하신 뜻이
무엇인지 분별하도록 하라

PART 1

내가 선 곳, 거룩한 땅

하나님 나라는
죽어서만 가는 나라가
아니다

우리 신앙에는 무엇이 필요할까?

"너희는 이 세대를 본받지 말고 오직 마음을 새롭게 함으로 변화를 받아 하나님의 선하시고 기뻐하시고 온전하신 뜻이 무엇인지 분별하도록 하라"(롬 12:2).

하나님은 우리에게 이 세대를 본받지 말고 변화를 받아 하나님의 선하시고 기뻐하시고 온전하신 뜻이 무엇인지 분별하라고 하신다. 그런데 변화를 받기 위해서는 반드시 선행되어야 할 것이 있다.

우리 안에는 배웠든지, 저절로 습득했든지 '옳다'라는 판단을 거치지 않은 채 그냥 당연하게 형성되어 굳어져 버린 개념, 의식, 가치관, 방식, 행위 같은 것들이 있다. 여기에 변화가 일어나려면 개혁이 필요하다.

개혁은 외부로부터 새로운 정보, 새로운 원리, 새로운 힘이 들어올 때 가능하다. 내 안에 들어온 새로운 정보, 원리, 힘은 고착된 생각을 흔들며 마침내 마음을 새롭게 하는 변화를 일으킨다. 이런 변화가 하나님의 선하시고 기뻐하시고 온전하신 뜻이 무엇인지 분별할 수 있게 한다.

그러면 그리스도인들의 내면을 개혁하기 위해 들어와야 하는 정보는 무엇인가? 바로 하나님 말씀이다. 살아 있고 운동력 있는 하나님의 말씀을 바로 알고 바르게 깨달을 때, 고착된 과거 신앙의 틀과 삶의 태도에 변화가 일어난다. 그래서 바른 말씀을 바르게 듣고 아는 게 정말 중요하다.

그러나 기독교는 결코 강한 논리에 설득당해 믿음을 갖게 되는 것이 아니다. 하나님 말씀과 더불어 하나님의 영이신 성령께서 그 말씀을 깨닫게 하셔야 한다.

따라서 성령이 없는 변화는 강압적인 설득이나 이해일 뿐이다. 오직 성령을 통해 말씀이 우리 안에서 역사할 때 믿음의 역사가 일어난다.

진리의 영이신 성령님께서 오늘 이 말씀을 증명하시고, 그 능력을 통해 우리의 굳은 마음을 새롭게 하며, 눈이 떠지고 생각이 열리어 기독교에 관한 잘못된 사고와 틀에 박힌 신앙을 개혁하는 지진을 우리에게 일으키시길 기대한다.

"진리를 알지니 진리가 너희를 자유롭게 하리라"(요 8:32).

진리인 말씀은 우리를 자유롭게 한다. 그런데 진리에 대한 무지와 왜곡 때문에 우리의 신앙 갈등이 시작된다. 진리인 성경 말씀을 바르게 이해하기 위해서는 성경을 보는 바른 관점이 필요하다.

'하나님 나라'(Kingdom of God)라는 관점은 우리 안에서 일어나는 수많은 질문과 의문에 대한 답을 알게 하는 너무도 중요한 성경적 원리다.

지난날 수많은 갈등과 의구심 속에서 헤매다, '아, 이것이구나' 라고 발견한 성경적 원리가 내게는 바로 '하나님 나라'에 대한 이해였다.

예수님이 전한 핵심 메시지

"요한이 잡힌 후 예수께서 갈릴리에 오셔서 하나님의 복음을 전파하여 이르시되 때가 찼고 하나님의 나라가 가까이 왔으니 회개하고 복음을 믿으라 하시더라"(막 1:14-15).

예수님은 서른 살에 공생애를 시작하셨다. 유대 사회에서는 서른이 되어야 비로소 랍비, 즉 선생으로서 가르칠 수 있는 사회적 권위를 부여했다. 예수님이 공생애를 시작하며 처음 선포하신 메시지가 바로 '하나님 나라'였다.

예수님은 하나님 나라인 천국에 대해 자주 말씀하셨다. 마태복음 13장을 보면 예수님은 하나님의 나라를 씨를 뿌리는 자, 겨자씨, 누룩, 밭에 감춰진 보화, 좋은 진주와 같은 비유로 가르치셨다. 마태복음 20장에서는 "천국은 마치 품꾼을 얻어 포도원에 들여보내려고 이른 아침에 나간 집 주인" 같다고 하시고, 25장에서는 "천국은 마치 등을 들고 신랑을 맞으러 나간 열 처녀"와 같다고 말씀하신다.

뿐만 아니라 예수님은 부활하시고 승천하시기까지 40일 동안 제자들에게 하나님 나라의 일을 말씀하셨다.

"고난 받으신 후에 또한 그들에게 확실한 많은 증거로 친히 살아 계심을 나타내사 사십 일 동안 그들에게 보이시며 하나님 나라의 일을 말씀하시니라"(행 1:3).

예수님이 이 땅에서 가르친 내용도 '하나님 나라'였다. 물론 제자들도 역시 하나님 나라를 가르쳤다. 사도행전을 보면, 빌립도 사마리아 땅에서 하나님 나라를 가르쳤다.

"빌립이 하나님 나라와 및 예수 그리스도의 이름에 관하여 전도함을 그들이 믿고 남녀가 다 세례를 받으니"(행 8:12).

바울도 마찬가지였다.

"바울이 회당에 들어가 석 달 동안 담대히 하나님 나라에 관하여 강론하며 권면하되 어떤 사람들은 마음이 굳어 순종하지 않고 무리 앞에서 이 도를 비방하거늘 바울이 그들을 떠나 제자들을 따로 세우고 두란노 서원에서 날마다 강론하니라"(행 19:8-9).

바울은 에베소 교회에서 무엇을 가르쳤는가? 석 달 동안이나 하나님 나라를 가르쳤다.

"보라 내가 여러분 중에 왕래하며 하나님의 나라를 전파하였으나" (행 20:25).

바울은 그의 마지막 사역지였던 로마에서도 하나님 나라를 가르쳤다.

"그들이 날짜를 정하고 그가 유숙하는 집에 많이 오니 바울이 아침부터 저녁까지 강론하여 하나님의 나라를 증언하고 모세의 율법과 선지자의 말을 가지고 예수에 대하여 권하더라"(행 28:23).

"바울이 온 이태를 자기 셋집에 머물면서 자기에게 오는 사람을 다 영접하고 하나님의 나라를 전파하며 주 예수 그리스도에 관한 모든 것을 담대하게 거침없이 가르치더라"(행 28:30-31).

사도행전의 시작과 끝이 하나님 나라였다는 것은 매우 의미심장한 내용이다. 기독교에서 예수님과 제자들, 사도 바울을 빼면 무엇이 남겠는가? 그런데 그 중요한 핵심 인물들이 가르친 주제가 한결같이 '하나님 나라'였다. 그렇다면 그리스도인으로서 우리는 '하나님 나라'를 얼마나 알고 있는가? 예수님과 사도 바울의 가르침의 주제가 '하나님 나라'라면 우리도 당연히 알아야 하지 않겠는가?

그러나 나는 정작 '하나님 나라'를 잘 몰랐다. 교회에서 가끔 '하나님 나라'라는 말을 들어 보긴 했지만, 하나님 나라는 이런 것이라고 중점적으로 들어 본 적은 없었다.

'하나님 나라'에 관해 자세히 알게 된 건, 제대 후 신학교에 복학하면서 마침 유학을 마치고 돌아온 어느 교수님의 강의를 통해서였다. 강의를 들으면서, 나는 눈이 번쩍 뜨였다.

천국이 죽어서 가는 곳이라고?

예수님의 가르침의 주제가 '하나님 나라'였고, 제자들의 가르침의 주제도 역시 '하나님 나라'였다. 그런 면에서 '하나님 나라'는 기독교 신앙의 여러 주제 가운데 하나가 아니다. 기독교 신앙의 본질이며, 전부이다.

그렇다면 '하나님 나라'는 무엇인가? '하나님의 나라'라는 표현은 신약성경 가운데 마가, 누가, 요한복음에만 백여 차례나 나온다.

하나님 나라, 하늘나라, 천국, 이런 단어들을 예수님은 칠십여 차례나 사용하셨다. 그러니까 사복음서에 널려 있는 게 하나님 나라, 천국이라는 단어다.

우리는 '천국'(天國) 하면, '죽어서 가는 좋은 곳', '내세' 정도로만 생각한다. 예수님과 사도 바울이 단순히 죽어서 가는 좋은 곳에 대해 그렇게 열심히 가르쳤을까? 바울이 3개월 동안 에베소에서 가르친 내용이 그뿐이었을까? 물론 하나님 나라에는 우리가 죽어서 가는 천국 이야기도 있다. 그러나 하나님 나라는 그리스도인의 신앙생활 전체를 말한다. 곧 기독교는 '하나님 나라의 이야기'다.

그런데 안타깝게도 한국 교회가 하나님 나라를 충분히 이야기하지 못한 이유 가운데 하나는 바로 '천국'이라는 단어 때문이다. 물론 '천국'은 '하나님 나라'와 같은 말이다. 그런데 번역 때문에 단어의 의미가 나뉘었다.

예수님의 생애와 사역에 대해 마태, 마가, 누가가 같은 관점으로 기록했다고 하여 이 셋을 '공관복음서', 여기에 요한복음을 합쳐 사복음서라고 한다. 이 가운데 마가복음이 제일 먼저 쓰였고, 요한복음은 특별히 헬라적인 사고로 기록된 복음서다.

그런데 우리가 자주 들어 익숙한 '천국'이라는 단어가 성경 전체 중에서 마태복음에만 나온다는 사실을 아는가?

"이때부터 예수께서 비로소 전파하여 이르시되 회개하라 천국이 가까이 왔느니라 하시더라"(마 4:17).

그 외 다른 복음서와 서신서에서는 천국이라는 말 대신 '하나님 나라'라고 기록하고 있다. 물론 마태복음에도 '하나님 나라'라는 말이 세 번 나오고, 딤후 4:18절에 '천국'이라는 단어가 예외로 한 번 나온다. 그러나 우리가 그토록 많이 듣던 '천국'이라는 단어는 마태복음에만 사용되었다. 그리고 '천당(天堂)'이라는 단어는 한글 성경 그 어디에도 나오지 않는다. 굳이 찾자면 중국어 성경에만 두 번 사용되었다.

그럼 왜 마태복음만 '천국'이라는 단어를 사용했을까? 마태복음은 유대인인 마태가 썼다. 마태는 마태복음의 일차적 수신자인 유대인들에게 십자가에서 죽으시고 부활하신 예수님이 바로 하나님의 아들, 메시아이셨음을 알리기를 원했다.

유대인들은 종교적인 이유로 '여호와 하나님'이라는 이름을 사용하지 않는 관습이 있었다. 왜냐하면 구약 율법 십계명 중 3계명에 여호와의 이름을 망령되이 불러서는 안 된다고 기록되었기 때문이다. 그래서 서기관들은 성경을 복사하면서도 '여호와'라는 단어가 나오면 굉장한 경외심을 나타냈다. 그리고 그 누구도 여호와 하나님이라는 이름을 소리내 말하거나 부르지 않았다. 하나님의 이름을 부르는 건 엄청난 불경죄라고 생각했다.

하지만 일상생활에서 부득이하게 '여호와'라는 표현을 사용할 때가 있지 않았겠는가? 그럴 때 '여호와 하나님'의 대체어로 쓰인 말이 '아도나이(主)' 아니면 '하늘'이라는 표현이다. 마치 연인이나 부부가 상대방의 이름이 있지만, '자기', '여보'라고 부르는 것처럼 '아도나이', '하늘'로 대체해 불렀다.

　누가복음에 나오는 탕자가 아버지 집으로 돌아오면서 내가 하늘과 아버지께 죄를 지었다(눅 15:21 참조)고 말할 때, 하늘이 하나님을 가리킨다는 것을 유대인들은 다 알고 있다.

　그런데 한자 문화권에서 번역자들은 마태복음을 번역하면서, '하늘'을 하늘 천(天)으로, 그리고 '나라'를 나라 국(國)으로 번역했다. 그러나 마가, 누가, 요한이나 사도 바울은 헬라 문화권에 있는 신자들에게 그냥 '하나님 나라'라고 기록했다. 게다가 유대 사회나 헬라어 문화권에서 '나라'라는 단어는 왕권, 통치, 치세, 주권을 이야기할 때 사용하는 단어였다. 그러니까 당시 '하늘나라', '천국'이라고 말하면, 유대인들은 '하나님께서 통치하신다'라는 하나님의 왕권 개념으로 당연하게 받아 들였다.

오해의 출발

　한자 문화권에서는 '하늘나라', '천국'을 기존에 있던 개념의 틀 안에서 받아들이고 번역했다. 예수님이 살던 당시 언어적, 종교적 세계관의 의미는 모두 사라진 채 말이다. 그리고 우리 식으로 이해했다. 완전히 다른 의미로 이해한 것이다.

　한자 문화권에서는 '하늘'이라고 하면 옛날 '옥황상제'를 떠올린다. 저 하늘에 신이 있다고 믿는다. 그가 이 세상을 내려다보고 천국은 우리가 죽으면 가는 극락 같은 곳으로 인식한다. 게다가 동양권은 '나라'를 왕권, 통치라는 개념으로 이해하기보다 '땅덩어리'라는 지리적이고 영토적인 개념으로 이해한다. 그래서 '나라' 하면 일본 땅, 중국 땅처럼 어딘가 존재하는 '땅'이라고 생각한다.

따라서 '하늘나라'도 하늘 어딘가에 존재하는 땅덩어리, 그곳에서 사는 집 개념으로 받아들였다. 저 하늘 어딘가에 '천국', '천당'이 있다고 생각했다. 그곳에 가면 옥황상제가 있고 선녀들이 춤을 추고 신선들이 어울려 놀고 있는 것처럼, 하나님이 계시고 천사들이 노래하는 것을 떠올린다.

예수님이나 제자들, 사도 바울이 이 말을 들었으면 어땠겠는가? 아마 까무러치셨을지 모른다. 예수님과 사도 바울은 '천국'(하늘나라)이라는 단어를 한 번도 우리와 같은 개념으로 사용한 적이 없다. 영어권에서는 마태복음을 번역하면서 'kingdom of heaven', 하늘의 왕국으로 번역했다. '킹덤'이라는 말이 들어가서 한자 문화권보다는 바르게 이해하기에 유리했지만, 헬라의 이원론적인 배경이 있었기에 영어권도 처음부터 바른 개념으로 이해하지는 못했다.

예수님이나 제자들, 사도 바울에게 '하늘나라', '천국'은 하나님께서 통치한다는 역동적인 왕권의 의미였다. 마태만 하나님 이름을 함부로 불러서는 안 된다는 유대문화 때문에 '하늘'로 대체해서 표현했을 뿐이다. 그런 것을 우리는 그대로 번역해 우리 나름의 의미로 받아들이면서 오해한 것이다.

이 사실은 우리 신앙생활 전반에 너무나 큰 문제를 일으켰다. 물론 천국, 하나님 나라에 대해 바르게 아는 사람도 있었겠지만, 한국 교회 교인 대다수는 하나님 나라에 대해 잘 몰랐다. 천국, 천당이라는 말은 많이 들어 봤지만, 단순히 죽어서 가는 내세적인 것으로만 알고 있었다. '하나님의 다스림'이라는 왕권의 개념으로는 충분히 이해하지 못했다.

요즘 한국 사회에서 한국 교회가 욕을 먹고 기독교의 운신 폭이 좁아지는 부끄러운 현실을 맞은 이유가 무엇일까? 여러 가지 이유가 있겠지만, 감히 이렇게도 말하고 싶다. 만약 우리 신앙의 선배들이 '천국'을 천당의 개념이 아니고 '하나님의 왕권'으로 가르쳤다면, 지금 한국 기독교는 훨씬 성숙했을 것이다.

이런 왜곡된 개념이 왜 문제가 되는가? 천국을 죽어서 가는 세계로만 인식하다 보니, 지금 여기에서 하나님의 다스림을 받고 살아가는 현재적 삶을 전혀 강조하지 못했다. 죽어서 가는 내세적인 면만 부각되었다. 하나님의 나라는 미래뿐만 아니라 지금 우리를 다스리시는 현재 삶에도 초점이 맞춰져 있다. 기독교는 지금 내가 사는 이곳에서 하나님의 다스림을 받아들이고, 나아가 그분의 통치하심과 왕권을 삶에서 드러내는 신앙이다.

우리 안에 들어오신 하나님 나라

"바리새인들이 하나님의 나라가 어느 때에 임하나이까 묻거늘 예수께서 대답하여 이르시되 하나님의 나라는 볼 수 있게 임하는 것이 아니요 또 여기 있다 저기 있다고도 못하리니 하나님의 나라는 너희 안에 있느니라"(눅 17:20-21).

예수께서 말씀하신 "하나님 나라는 여기 있고 저기 있는 것이 아니라 너희 안에 있다"는 말은 어떤 뜻일까? 여기 '안에 있다'에 해당하는 헬라어 전치사는 'in'이 아니라 'among'이다.

예수님은 청중에 둘러싸인 채 말씀을 전하고 계셨다. '너희 안에 있다'라는 말은 청중들 가운데 계신 예수님, 너희 가운데 계신 예수님을 가리키는 말이다. 예수님의 통치가 청중 가운데 임하고 있는 것이 바로 하나님 나라이다.

한국 성경을 보다 보니, '너희 안'이라고 하니까 내 마음에 하나님 나라, 천국이 있다고 흔히 생각했다. 천국을 단순히 우리 마음속에 있는 개념으로 잘못 받아들이면, 불교가 말하는 해탈이나 극락과 다를 바가 없다. 이것은 전혀 기독교적인 개념이 아니다. 그러나 나를 다스리시는 예수님이 내 안에 계시고 하나님의 왕권이 내 인격에 실현되고 있다면, 내 안에 하나님 나라가 있는 것이다. 예수님이 나의 마음을 지배하고 통치하지 않는다면, 내가 그분의 다스림에 순종하지 않는다면, 우리 마음은 하나님 나라가 될 수 없다.

우리는 천국을 죽어서 가는 좋은 곳, 눈물이나 아픔이 없는 파라다이스로 생각했기 때문에 죽어야만 상관이 있었다. 하지만 천국을 그분의 통치권으로 받아들인다면, 그분의 통치가 미치는 곳이 하나님의 나라이다. 내가 지금 서 있는 가정, 일터, 삶의 모든 곳에서 예수님의 왕권에 순종한다면 거기가 하나님 나라다. 우리는 이미 하나님 나라에 살고 있는 것이다.

그러나 천국을 단순히 죽음 이후에 가서 살게 될 공간적 영역으로 이해할 때, 이 세상은 천국 가기 전의 대기실이 된다. 그래서 이 세상에서는 그저 덧없이 살아도 되고, 죽어서 가는 그곳에만 의미가 있다. 이런 잘못된 개념은 미성숙한 신앙을 낳을 수밖에 없다.

성경이 말하는 성(聖), 속(俗)의 개념은 하나님과의 관계에서 나누어지는 개념이다. 예배당은 거룩하고 직장은 세속적인 것이 아니다. 주일은 거룩한 날이고 월요일부터 토요일은 세속적인 날이 아니다. 교회에서 하는 일은 거룩하고 가정과 일터에서 하는 일은 세속적인 것이 아니다. 그분의 통치하심에 순종할 때, 그 모든 것은 거룩하고, 그분의 다스림에 순종하지 않는 모든 것은 다 세속적이다. 그런데 성속의 개념이 잘못되어, 신앙과 삶을 분리하는 미성숙을 낳고 말았다.

하나님 나라는 나와 내 가정과 내 교회, 내 민족을 뛰어넘어 열방 가운데 임하시는 하나님의 왕권이다. 그러므로 나와 내 가정, 내 교회, 내 민족만을 생각하고 우리만 복 받기 원하는 것은 너무나 이기적인 신앙이다.

그리고 더 나아가 세상의 잘못된 인간 사회와 조직 구조, 체계, 그리고 자연환경까지 하나님의 회복하심과 온전케 하심이 나타나도록 우리 삶을 헌신하는 것이 하나님 나라 백성의 모습이다. 그래서 기독교는 교회 예배당 건물이나 어떤 제도나 형식에 갇혀 있거나 매여 있을 수 없다.

어떤 이들은 질문한다.

"그러면 흔히 말하는 우리가 죽어서 가는 천국은 없나요?"

물론 있다. 그러면 어디에 있는가? 그건 알 수가 없다. 분명히 존재하지만, 성경은 구체적인 장소와 형태를 이야기하지 않고 있다.

태양을 중심으로 수성, 금성, 지구, 화성, 목성, 토성, 천왕성, 해왕성이 돌고 있는 은하계가 있다. 천문학자들은 이 은하계뿐 아니라 또 다른 은하계에 행성이 10의 23승 개가 넘게 있다고 한다. 상상이 되는가? 거의 무한대이다. 이 어마어마한 천체에 헤아릴 수 없이 많은 행성이 떠다닌다. 그런데 그중 하나인 지구, 그 광활한 우주에 비한다면, 먼지만 한 이 조그만 땅덩어리에 있는 인간들이 생각하기를, 우주 그 어딘가에 하나님께서 멋진 집을 지어 놓고 거기 들어가 계실 거로 생각한다. 그것이 우리가 가진 개념이다.

하나님은 그 10의 23승 개가 넘는 행성을 지닌 우주를 말씀 한마디로 만드셨다. 창조주 하나님께서 "있으라" 하신 한마디에 이 모든 것이 생겨났다. 그런 하나님을 어떻게 그 10의 23승 개 안에 집어넣으려 하는가? 하나님은 그보다 훨씬 크신 분이다.

그런데 우리는 이 광활한 우주를 만드신 하나님의 크심을 알지 못하니까, 자꾸 어딘가에 예수님이 승천하신 곳이 있고, 하나님이 머무시는 곳이 있다고 생각한다. 하나님 나라는 10의 23승으로 제한되는 장소적 개념이 아니다. 하나님의 주권과 통치가 미치는 곳이다.

'구원받았다'는 의미

하나님의 다스림을 받고 살아가는 삶을 '신앙생활'이라고 표현한다. 사도 바울이 에베소 교회에서 하나님 나라를 강론하고 권면했을 때, 마음이 굳어 순종치 않은 사람이 있었다고 하자. 그 말은 곧 "예수 믿고 하나님의 다스림을 받으세요" 했더니, 하나님의 통치를 거부했다는 말과 동일하다.

그렇다면 "예수님을 믿겠습니다"라는 의미는 무엇인가? 바로 "예수님의 다스림에 순종하며 따르겠습니다"라는 뜻이다. 그 사람을 우리는 그리스도인이라고 부른다.

그럼 죄란 무엇인가?

우리는 성경이 말하는 죄 또한 너무나도 크게 오해하고 있다. 기독교를 세상의 윤리적 도덕적인 잣대로 여겨, 자꾸 그런 의미로 죄를 생각한다.

그러나 기독교가 말하는 죄는 그런 의미가 아니다. 기독교의 죄는 하나님과의 관계성에서 비롯된다. 하나님을 하나님으로 여기지 않고 자신의 육체와 마음이 원하는 대로 살아가는 것, 마음에 하나님 두기를 싫어하고 빛보다 어둠을 더 사랑하는 것이 기독교에서 말하는 죄다. 그분의 다스림 앞에 승복하지 않고 살아가는 삶, 불순종이 곧 죄다.

극단적으로 이렇게까지 이야기할 수 있다. 하나님의 다스림에 승복하지 않고 내 뜻대로 내가 주인이 되어 내 인생을 착하게, 성실하게, 멋지게 성공을 추구하며 살아가는 것 그것이 바로 죄다. 이 세상 관점으로는 도무지 이해할 수 없는 말이다.

이처럼 기독교는 굉장히 독선적이다. 하나님께서 정말 시퍼렇게 살아계시고 하나님만이 참 신이고 창조주이며 절대적 선이라고 한다면, 그분의 다스림 앞에 무릎 꿇지 않는 모든 것이 악이고, 그분의 통치하심 앞에 순종하는 모든 것이 선이다.

그러므로 아주 많은 부분에서 죄에 대한 우리의 생각이 바뀌어야 한다. 다른 종교를 믿는 사람들이나 윤리적인 규범을 따르는 사람들도 '내가 왜 이러지' 하고 후회하고 반성한다.

성경은 단순히 자기 연민이나 자기반성을 회개라고 하지 않는다. 우리가 가진 죄의식과 죄책감이 단지 잘못 행한 행위 때문이라고 생각하고, 하나님과의 바른 관계로 발전하지 않는다면 기독교가 말하는 진정한 하나님의 용서를 경험할 수 없다.

'하나님의 통치에 순종하지 않고 내가 나의 주인 노릇하는 것이 죄'라는 개념이 들어와야, 비로소 내가 주님 앞에서 죄를 지었다는 것이 무엇을 의미하는지 알 수 있다. 그런 죄인된 나를 용서할 수 있는 유일한 길이 십자가의 사랑이라는 것도 이해할 수 있다.

그래야 왜 주님과 교제를 해야 하는지, 왜 말씀을 묵상하고 주님의 음성을 들으라고 하는지도 알게 된다. 이런 개념을 바로 정리하는 일이 중요하고, 때로 나의 신앙생활과 신앙 성숙을 좌우한다.

"거듭났다"는 말은 주인이 바뀌어 다시 태어났다는 말이다. 내가 주인이 아니라 새로운 주인, 새로운 왕 되신 예수님을 모시고 사는 새로운 피조물이 되었다는 것이다.

그렇다면 "구원을 받았다"는 것은 무슨 말인가?

하나님을 하나님으로 여기지 않고 하나님을 떠나 죄 가운데 살던 우리는 실은 어둠의 권세인 사단의 지배를 받고 있었다. 그런 우리가 구원을 얻었다는 말은 영원한 심판과 형벌과 저주가 있는 죄로부터 벗어나 하나님의 통치 아래로 옮겨졌다는 말이다.

'구원'이라는 단어와 비슷한 말이 '구출'(구조)이다.

"주 예수를 믿으라. 그리하면 너와 네 집이 구출(구조)되리라"(행 16:31).

이 말씀은 죽음과 형벌로부터 구조되었다는 말이다. 이 말을 골로새서 1장 13절에서는 이렇게 표현한다.

"그가 우리를 흑암의 권세에서 건져 내사 그의 사랑의 아들의 나라로 옮기셨으니 그 아들 안에서 우리가 구속 곧 죄 사함을 얻었도다."

하나님과 새로운 관계를 맺게 된 것, 이것을 '구원받았다'라고 한다. 당신은 어둠의 사단으로부터, 내가 나를 다스렸던 삶으로부터 이제 하나님의 통치, 그분의 아들 예수님의 다스림을 받는 삶으로 옮겨졌는가?

"저는 지금 주님의 다스림을 받고 있습니다"라고 대답한다면, 구원을 받은 것이다. 하지만 자신의 삶을 아무리 열심히 산다 해도 여전히 내 뜻대로 생활하고 주님의 다스림을 전혀 받지 않고 있다면, 구원을 받지 못한 것이다.

구원받은 자는 그분의 통치가 내 안에 이루어지는 일을 기쁘게 여기며 그분께 순종한다. 하루하루 그분의 음성을 듣고 그분이 나에게 하시는 말씀에 귀를 기울인다.

그분의 다스림 앞에 승복하려고 우리의 시선과 마음을 모아야 한다. 하나님의 선하시고 기뻐하시고 온전하신 뜻이 무엇인지 늘 분별해야 한다. 그 분별을 위해 말씀과 성령으로 그분을 좇는 것이 바로 그리스도인의 삶이다.

자신의 삶의 소유권과 결정권을 주께 내려놓고 주님의 주인 되심을 인정하고 따를 때, 주님께서 주시는 참된 안식과 평화를 누리게 된다.

우리가 '하나님 나라'를 바로 이해하고, 주님의 뜻에 순종했다면 우리 모두는 얼마나 성숙한 신자들이 되었겠는가? 그런데 안타깝게도 우리는 주님의 다스림을 받기보다는 그저 눈에 보이는 율법적인 신앙생활로만 만족했다.

"그날에 많은 사람이 나더러 이르되 주여 주여 우리가 주의 이름으로 선지자 노릇 하며 주의 이름으로 귀신을 쫓아내며 주의 이름으로 많은 권능을 행하지 아니하였나이까 하리니 그때에 내가 그들에게 밝히 말하되 내가 너희를 도무지 알지 못하니 불법을 행하는 자들아 내게서 떠나가라 하리라"(마 7:22-23)고 예수님께서 경고하셨다. 따라서 우리는 이렇게 기도해야 한다.

"주님, 불법을 행하는 자가 아니라 주님의 뜻을 이루는 자가 되기 원합니다. 하늘에서 아버지의 뜻이 이루어진 것처럼 제 삶과 가정과 일터 가운데 하나님 나라가 이루어지기 원합니다. 하나님 저를 다스려 주시옵소서."

측량할 수 없는 하나님 나라의 절대가치

하나님의 다스림을 받는다는 것은 저울로 그 무게를 비교할 수 없는 절대적 가치이다. 세상 그 어떤 것과도 바꿀 수 없는 절대적 가치가 하나님 나라다.

예수님은 하나님 나라를 가르치시면서 '하나님 나라는 밭에 감춰진 보화와 같다'(마 13:44)고 하셨다. 유대인들은 외란은 물론 내란까지, 전쟁이 자주 발생하다 보니 피난 생활도 자주 했다.

어떤 가장이 피난을 떠나기 전에 다시 돌아와 사용할 생각으로 항아리 같은 데 금은보화를 잔뜩 넣고 땅에 파묻고 갔다. 그런데 그만 피난길에 죽고 말았다. 금은보화가 묻힌 항아리가 어디에 있는지 아는 사람은 없었다.

그런데 시간이 지나 그 땅을 소작하던 농부가 밭을 일구다 금은보화가 가득 담긴 항아리를 발견했다. 그런데 그냥 가져가려고 하니,

도둑질하는 것이기에 밭 주인에게 그 땅을 팔라고 이야기를 건넸다. 그랬더니 주인이 백만 원에 팔 수 있다고 했다. 소작농이 집에 와 자기가 가진 전 재산을 탈탈 털어 보니 백만 원 정도가 나왔다. 소작농이 전 재산을 들여 그 밭을 샀을까, 안 샀을까? 그 백만 원이 아까웠을까? 하나도 아깝지 않았다. 왜냐하면 밭에 묻혀 있는 보화의 가치가 더 큰 값이 된다는 것을 알기 때문이다.

이처럼 하나님의 통치를 받고 살아가는 삶은 마치 밭에 감추어진 보화처럼 이 세상 그 어떤 것을 주어서라도 결코 포기할 수 없는 절대 가치를 지닌다.

예수께 어떻게 하면 영생을 얻을 수 있는지 물었던 부자 청년이 있었다. 그는 예수께서 말씀하신 계명을 모두 지켰다. 그런데 예수께서 "네게 부족한 한 가지가 있는데, 가진 재물을 모두 팔아 가난한 사람들에게 나누어 주어라"고 하시자, 청년은 고민을 하며 돌아갔다.

자기가 가진 재물과 영생을 비교하고 저울질한 것이다. 만약 그 영생을 자기 재산 가운데 일부를 내고 살 수 있었다면, 청년은 선뜻 샀을 것이다. 그런데 자신의 전부를 다 내라는 말은 따를 수 없었다. 가진 돈이 오백 억인데 그 오백 억을 다 내야 한다면? 오백만 원이면 사겠지만. 오백 억이 가져다주는 안정감과 삶의 보장을 포기할 수는 없었다.

이렇게 부자 청년은 재물과 영생을 비교했다. 그를 지배한 것은 하나님이 아니라 돈이었다. 돈이 자신을 보장해 주리라 믿는 것이다. 영원한 생명을 사모하지만, 돈을 포기할 수는 없었다.

그래서 부자가 하나님 나라에 들어가는 것이 낙타가 바늘구멍에 들어가기보다 더 어렵다. 그리스도인은 하나님 한 분의 통치에 순종하며 그분의 사랑으로 살아가야 할 자이지, 재물이 가져다주는 보장과 안정감으로 살아가는 자들이 아니다.

그리스도인은 인생의 소유권과 결정권을 하나님께 드리고, 그분 앞에 무릎을 꿇는다. 내 인생을 책임져 주실 하나님, 내 인생의 미래가 하나님 손에 있음을 믿고 의뢰해야 한다.

하나님 나라는 어떤 값을 치르더라도 반드시 소유해야 할 절대적 가치이다. 하나님 나라는 결코 흥정의 대상이 아니다.

이제 성경의 역사 속으로 들어가 보자.

내가 선 곳
거룩한 땅

2

성경을 관통하는
하나님 나라 이야기

: 나는 너희 하나님이 되고
너희는 나의 백성이 되리라

　기독교는 신구약 성경 위에 세워진 신앙이다. 성경이 없으면 기독교도 없다. 그만큼 성경은 절대적 가치를 지닌다. 성경은 하나님과 하나님 나라를 선포한다.

　애써 설명하거나 설득하려 하지 않는다. 독자의 논리를 염두에 두지도 않는다. 특히 성경은 하나의 주제, 하나의 통일성에 일관되게 집중한다. 그런 면에서 성경은 66권의 전집이 아니라 하나님 나라를 이야기하는 한 권의 책이다.

　성경은 하나님 나라에 대해 어떻게 말씀하고 있는가? 성경의 주제는 한 문장과 한 단어로 요약할 수 있다. 그것이 바로 우리가 발견해야 할 금맥이다.

"예수 그리스도의 종 바울은 사도로 부르심을 받아 하나님의 복음을 위하여 택정함을 입었으니 이 복음은 하나님이 선지자들을 통하여 그의 아들에 관하여 성경에 미리 약속하신 것이라"(롬 1:1-2).

사도 바울은 '하나님의 복음'을 위해 택정을 받아 예수 그리스도의 종으로 사도의 역할을 한다고 했다. 그렇다면 하나님의 복음은 무엇인가? '복음'의 핵심 내용은 '하나님의 아들'이고, 그 복음을 성경에 미리 '약속' 하셨다고 한다.

그렇다면 하나님께서 창세기부터 요한계시록까지 하나님 나라를 어떻게 이루어 가시고 있는지를 살펴보자.

이야기의 출발

태초에 하나님은 천지를 창조하셨다(창 1:1 참조). 하나님은 하늘과 땅을 창조하시고, 빛과 어둠을 만드셨다. 그리고 하나님의 형상을 따라 인간을 만드셔서 복을 주시고 육축과 온 땅을 다스리게 하셨다. 모든 자연 만물의 통치권과 왕권을 가지고 계신 하나님께서는 인간에게 다스릴 수 있는 권한을 위임하셨다(창 1:26). 하지만 인간에게 주어진 권한은 위임일 뿐, 인간 자신의 고유 권한이 아니었다.

따라서 인간은 하나님으로부터 위임받은 영역에서 마치 하나님이 다스리시는 것처럼 다스려야 한다. 부모가 자녀에게, 교사가 학생에게, 목회자가 성도에게 하나님이 하시듯 해야 한다.

또한 하나님께서는 일곱째 날 안식하시고, 안식일을 거룩하게 구별하셨다. 하나님께서 안식하셨다는 말은 단순히 팔짱을 끼고 가만히 계셨다는 말이 아니다.

안식일은 하나님의 창조 사역을 모두 완성하셨다는 의미이며, 하나님의 온전한 다스림 안에서 있을 때 비로소 하나님의 참된 안식으로 들어가게 된다는 것을 알려준다.

이것이 우리에게 주어진 안식의 삶이다. 이렇게 하나님의 안식 안에 거하는 것, 하나님의 다스림 안에 있는 것이 바로 '거룩'이다. 그런 면에서 우리들의 모든 삶은 하나님 안에서 거룩하다.

아담과 맺은 언약 : 행위 언약

> "여호와 하나님이 그 사람에게 명하여 이르시되 동산 각종 나무의 열매는 네가 임의로 먹되 선악을 알게 하는 나무의 열매는 먹지 말라 네가 먹는 날에는 반드시 죽으리라 하시니라"(창 2:16-17).

이 언약은 아담과 이루어졌다. 하와는 아직 태어나기 전이었다. 아담은 선악과를 따먹지 말라는 하나님 말씀에 순종하면 영원히 사는 축복을 받지만, 불순종하면 죽음이라는 저주를 받는다. 아담의 행위가 순종이냐, 불순종이냐에 따라서 축복과 저주로 갈라졌다.

이것이 하나님께서 아담과 맺으신 행위의 언약이다.

그렇다면 하나님께서는 왜 선악과를 만드셨을까? 성경에 명시되어 있지 않지만, 유추는 가능하다. 아담과 하와는 에덴동산에서 거리낄 것이 없었다. 그런데 딱 한 가지, 선악과만 보면 행동의 제약을 느꼈다.

"앗, 선악과네. 하나님이 저건 따먹지 말라고 하셨어. 저걸 먹으면 정녕 죽으리라 하셨어."

따먹지 말라는 명령을 내린 분은 하나님이셨다. 피조물은 그분의 말씀에 순종해야 했다. 선악과 앞에서 아담과 하와는, 하나님은 창조주이시고 자신들은 피조물임을, 하나님은 명령하시는 분이시고 자신들은 순종해야 하는 자임을 매번 인식했다. 즉, 선악과는 하나님과 인간을 구분하는 경계선이었다. 선악과 앞에 설 때마다 아담은 하나님 앞에서 순종해야 한다는 사실을 기억했다.

"하나님께서 아담과 하와에게 선악과를 따먹지 말도록 좀 더 완벽한 의지를 주셨으면 안 따먹었을 것 아닙니까?"라고 반문하는 이들이 있다. 하나님께서 인간을 불완전하게 만드셨기에 그들이 불순종했다고 말한다. 죄의 책임을 하나님께 돌린다. 이것은 '완전'이라는 개념에 대한 오해에서 비롯된 것이다. '절대로 거절할 수 없는 것'은 기계적인 것이지 '완전'이 아니다.

예를 들어 보자. 아들에게 맛있는 초코파이를 사 주었다. 아들이 초코파이를 맛있게 먹는 걸 보면서, "아빠도 한 입 줄래?"라고 말했다. 사실 아빠의 관심사는 초코파이가 아니라 아들의 반응이다.

"어, 아빠도 먹어" 하고 준다면, 그 손길이 너무 좋아 "아이고, 내 새끼" 하며 엉덩이를 토닥일 것이다. 그런데 들은 척 만 척하고 계속 먹기만 하면, '어떻게 이런 놈이 다 있나. 남도 아니고 아빠가 달라는데 한 입도 안 주다니' 하면서 서운해 할 것이다. 그런데 너무 서운한 마음에 아들이 잘 때, 머리에 컴퓨터 칩 하나를 삽입했다. "아빠 한 입" 하면, "응, 아빠 먹어"라고 바로 반응하도록 말이다.

이것이 우리가 생각하는 완벽이다. 그런데 그건 완벽이 아니라 기계적 반응이다. 완벽이란 "응 아빠, 먹어"라고 할 수도 있고, "싫어"라고 할 수 있는 의지의 선택이다. 자율적 마음 없이 표현하는 사랑에서는 기쁨을 느낄 수 없다.

이처럼 하나님께서 아담과 하와를 불완전하게 만드셨다고 생각하고 주장할 때는 기계적 개념이 작동한다. 하나님은 인간을 인격적으로 반응하도록 만드셨다. 그 인격으로 순종할 수도 불순종할 수도 있다.

불행히도 아담과 하와는 불순종을 택했다. 바로 이 불순종의 선택이 죄다. 죄란 하나님을 하나님으로 인정하지 않는 것이며, 내 인생을 내 마음대로 살아가겠다는 권리 주장이다. 결국, 인간의 죄는 하나님과의 단절, 죽음, 죄의 수치감을 가져왔고, 그 이후 죄의 역사가 이어졌다.

인간 사이의 최초의 범죄는 형제 사이에서 일어났다. 가인은 동생 아벨을 돌로 쳐서 죽인다. 하나님이 자신의 제사는 받지 않으시고 동생 아벨의 제사는 받으신 것에 대한 질투가 원인이었다.

범죄의 결과로 가인은 추방당한다. 이제 가인은 하나님의 돌보심이나 공급하심 없이 스스로 삶을 살아가야 했다. 그렇게 이 땅에 '가인의 문화'가 등장했다. 하나님 없이 오로지 자신의 힘으로만 인생을 살아가는 이들이 가인의 사람들이었다.

그런데 성경은 당시 하나님의 아들들이 사람의 딸들을 좋아했다고 말한다(창 6:2 참조). 하나님을 예배하던 셋의 자손들의 신앙의 원리와 가인의 문화를 이끌었던 힘의 원리가 섞여 버린 것이다. 하나님의 아들들과 사람의 딸들이 섞여 버렸다. 그렇게 하나님을 예배하던 셋의 자손들이 가인의 문화에 젖어들자, 하나님은 세상을 창조하고 인간을 만든 것을 후회하셨다.

결국, 하나님께서는 세상을 심판할 결심을 하셨다. 마침내 홍수를 내리신 후, 노아의 가정만 구원하셨다. 이때 하나님께서 창세기에서 아담과 하와에게 맺었던 그 언약을 다시 노아와 맺으신다. 방주에서 노아의 가족들을 불러내시며, "너와 함께한 모든 혈육 있는 생물 곧 새와 가축과 땅에 기는 모든 것을 다 이끌어내라 이것들이 땅에서 생육하고 땅에서 번성하리라"(창 8:17)고 말씀하셨다.

그 이후 '가인의 문화'를 계승한 '니므롯의 문화'(창 10:8-9 참조)는 바벨탑을 쌓기 시작했다. 그들은 바벨탑을 쌓아 놓은 곳에서 살며 흩어지지 않고 힘을 모으려고 했다. 이는 땅에 생육하고 번성하라는 하나님 말씀에 정면으로 반하는 행동이었다. 그들은 정복하고 번성해야 하는 미지의 땅이 두려웠을지 모른다. 또 옛말을 들어 보니, 홍수가 나서 사람들이 다 죽었다는 조상들의 말을 듣고 높은 곳에 올라가 살고 싶은 마음이 들었을 수도 있다.

어쨌든 하나님 없이 자신의 힘으로 살아가는 불순종의 길을 걸었다. 그들이 쌓은 바벨탑은 하나님의 주권과 명령에 대항하기 위한 시도였으며, 자신의 이름을 내겠다는 것은 스스로 왕이 되어 모든 소유권과 지배권이 자신에게 있음을 선언하는 것을 의미한다.

아브라함과 맺은 언약 : 은혜 언약

이런 문화에서 어느 날 하나님이 한 사람을 불러내신다. 하나님께서는 아브라함에게 "너는 너의 고향과 친척과 아버지의 집을 떠나 내가 네게 보여 줄 땅으로 가라"(창 12:1)고 명하셨다.

"내가 너로 큰 민족을 이루고 네게 복을 주어 네 이름을 창대하게 하리니 너는 복이 될지라 너를 축복하는 자에게는 내가 복을 내리고 너를 저주하는 자에게는 내가 저주하리니 땅의 모든 족속이 너로 말미암아 복을 얻을 것이라"(창 12:2-3).

가인의 문화(니므롯 문화)는 바벨탑을 통해 끊임없이 자기 힘을 쌓고 자기를 강화해 자기 힘으로 큰 민족을 이루고 높은 곳에 거하려 했다. 그런데 하나님께서는 아브라함에게 그 땅에서 나와, 내가 네게 지시할 땅으로 가라고 명하셨다. 이것은 가인의 문화에서 자신만의 힘으로 살아가야만 하는 아브라함을 불러내 하나님이 되어 주시겠다는 의미다. 너 자신의 힘으로 하려 하지 말고 내가 너에게 큰 민족을 이루게 하고, 내가 너를 창대하게 하고 내가 너를 번성하게 하겠다는 말씀이다. 이렇게 하나님은 아브라함과 언약을 체결한다.

> "해가 져서 어두울 때에 연기 나는 화로가 보이며 타는 횃불이 쪼갠 고기 사이로 지나더라 그날에 여호와께서 아브람과 더불어 언약을 세워 이르시되 내가 이 땅을 애굽 강에서부터 그 큰 강 유브라데까지 네 자손에게 주노니"(창 15:17).

과거 고대 중동 지방에서는 두 부족이 서로 싸우다가 휴전을 협정할 때는, 짐승 한 마리를 잡아 배를 갈라 죽여 놓고 약속을 맺었다. 만약 약속을 어기면 그 짐승의 죽음처럼 저주를 받아 죽게 될 것이라는 의미였다. 쪼갠 고기 사이로 하나님인 횃불이 지나가신 건 하나님께서 아브라함이 언약을 이해할 수 있도록 중동 지방의 계약 방식을 이행하신 것이다. 이 언약을 지키지 않으면, 이 동물처럼 저주를 받아 죽게 되리라는 언약을 하나님께서 직접 아브라함에게 체결해 주셨다.

> "내가 내 언약을 나와 너 및 네 대대 후손 사이에 세워서 영원한 언약을 삼고 너와 네 후손의 하나님이 되리라 내가 너와 네 후손에게 네가 거류하는 이 땅 곧 가나안 온 땅을 주어 영원한 기업이 되게 하

고 나는 그들의 하나님이 되리라"(창 17:7-8).

분명히 "너와 네 후손의 하나님이 되겠다"고 말씀하셨다. 당시 아담과 하와의 범죄로 말미암아 하나님을 하나님이라고 부를 수 없는 상황이었다. 그런데 하나님께서 아브라함과 그 후손의 하나님이 되어 주시겠다고 말씀하신다. "너의 공급자가 되어 주시고 너를 지켜 주겠다"고 하셨다. 이는 은혜의 언약이다.

은혜는 자격이 없는 자에게 거저 베푸시는 하나님의 호의다. 아브라함의 동의를 요구하지 않으시고, 하나님께서 아브라함을 친히 불러내셔서 지시한 땅으로 가라는 말씀에 순종을 요구하면서 언약을 체결하셨다. 아브라함이 어떤 행위를 하거나 공로가 있었기 때문이 아니었다. 아무 조건도 갖추지 않았지만, 하나님께서 가나안 땅을 주어 영원한 기업이 되게 하고 그들에게 하나님이 되어 주겠다고 하셨다.

아브라함은 이 언약을 믿고 하나님을 좇아갔다. 아브라함을 믿음의 조상이라고 하는 까닭이 여기에 있다. 가인의 문화를 잇는 바벨 공동체에서 하나님을 좇았던 아브라함이기에 우리는 그를 믿음의 조상이라고 일컫는다.

이런 아브라함의 믿음 안에서, 성령을 통하여 우리를 부르시고 우리 역시 영광스런 하나님의 백성으로 서게 된 것이다.

하나님은 아브라함을 복의 근원으로 삼겠다고 하셨다. 그 말씀을 창세기 22장 17-18절에서 다시 상세하게 강조하신다.

"내가 네게 큰 복을 주고 네 씨가 크게 번성하여 하늘의 별과 같고 바닷가의 모래와 같게 하리니 네 씨가 그 대적의 성문을 차지하리라 또 네 씨로 말미암아 천하 만민이 복을 받으리니."

아브라함 자신이 복덩이가 아니라 아브라함의 씨로 말미암아 천하 만민이 복을 얻는다고 했다. 하나님은 아브라함뿐만 아니라 그의 후손들과 영원한 언약을 맺으셨다. 아브라함의 후손들은 누구일까? 바로 '우리'다. 영적으로 우리는 믿음의 후손, 이스라엘 백성이다. 하나님께서 아브라함의 후손과도 맺으신 이 언약에 우리도 동참하게 되었다. 이 언약에는 내 이름도, 당신의 이름도 모두 포함되어 있다. 하나님께서 이 언약을 통해 우리 하나님이 되어 주셨다.

그런데 하나님은 언약의 요구 사항을 말씀하신다.

"하나님이 또 아브라함에게 이르시되 그런즉 너는 내 언약을 지키고 네 후손도 대대로 지키라 너희 중 남자는 다 할례를 받으라 이것이 나와 너희와 너희 후손 사이에 지킬 내 언약이니라"(창 17:9-10).

하나님은 할례를 받으라고 하셨다. 할례란 남자의 성기 앞부분 살을 자르는 것으로 지금의 포경수술과 비슷하다. 본래 '언약'이라는 단어에는 '자르다, 쪼갠다, 찢는다'라는 뜻이 내포돼 있다. 아브라함과의 언약 체결 과정에서도 살을 자르는 행위, 즉 내 살의 한 부분이 쪼개지는 것을 통해 하나님과 언약을 체결한다. 내 몸에 하나님과의 언약의 표증을 새기는 것이 바로 할례이다.

고대 중동 지방에서 남자의 생식기는 자손의 번성을 의미했다. 인간 생명의 기력이 남근을 통해서 나온다고 믿었다. 농경과 유목 생활에서 자손이 많다는 것은 노동력, 즉 힘을 상징했다. 따라서 당시 사회에서 남근은 힘의 원천으로 여겨지며 신격화되었다.

바로 그곳에 하나님께서 언약의 표증인 할례를 요구하신 것이다. 이는 생명의 원천과 인간의 힘의 기원이 바로 하나님께 있다는 것을 상기시키는 명령이었다. 잡신이나 인간 자신의 힘으로 살아가는 것이 아니라 내가 너희 힘의 근원이 되어 주겠다는 약속이었다.

그런 까닭에 이스라엘 남자들은 할례에 대한 자긍심이 대단했다. 그래서 할례받은 유대인들은 할례받지 못한 이방인들을 개처럼 취급하며 무시했다.

사도 바울이 복음을 전하면서 할례를 받을 필요가 없다고 하자, 유대인들은 분노했다. 유대인들의 최고 자부심인 할례를 필요 없다고 하니 분노할 수밖에 없었다. 하지만 사도 바울의 말은 옳았다. 할례를 통한 언약이 이제 예수님을 통해 성취되었기 때문에 할례는 더는 필요가 없었다.

죄의 저주를 예수께서 온전히 짊어지셨고, 그로 인해 예수님은 십자가에서 찢어지셨다. 그리고 부활하셔서 성령을 통해 예수 그리스도를 통한 구속의 은혜를 우리에게 깨닫게 하셨다.

성령의 인치심을 받은 우리는 육체의 할례를 받은 것이 아니라 마음의 할례를 받았다. 성령을 통해 진리를 깨달았기 때문에 더 이상 육체의 할례가 필요 없다. 마음의 할례로 하나님께서 우리 가운데 거하시는 언약의 성취를 이루셨다. 하지만 유대인들은 이 사실을 이해하지 못했고, 결국 사도 바울을 죽이려고 했다.

하나님께서는 이스라엘 백성에게 "내가 너희 하나님이 되어 주겠다"고 약속하셨다. 할례를 통해 생명과 힘의 근원이 하나님께 있음을 가르치기 원하셨다. 이것이 아브라함과 맺은 은혜의 언약이다.

하나님은 이제 아브라함을 통해 새로운 공동체 이스라엘을 만드신다. 하나님이 이스라엘 공동체를 만들기 위해 아브라함의 백성을 보전해 가신 방식을 살펴보자. 당시 고대 근동 지방 최고 강대국은 애굽이었다. 이스라엘은 아직 작고 나약했다.

하나님은 아브라함에게 "너는 반드시 알라 네 자손이 이방에서 객이 되어 그들을 섬기겠고 그들은 사백 년 동안 네 자손을 괴롭히리니 그들이 섬기는 나라를 내가 징벌할지며 그 후에 네 자손이 큰 재물을 이끌고 나오리라"(창 15:13-14)고 말씀하셨다.

하나님은 아브라함의 후손 요셉을 먼저 애굽의 노예로 끌려가게 하셨고, 그 나라의 2인자가 되게 하셨다. 요셉은 가뭄에 직면한 그의 아버지와 형제들을 부양하기 위해 애굽으로 그들을 불러들였다. 이렇게 야곱의 가족 70명은 고센 땅에서 살게 되었다.

당시 고센 땅은 강대국 애굽의 영토였으므로 감히 누구도 쳐들어올 수 없었다. 하나님께서는 최고 강대국 애굽의 보호 아래 이스라엘의 70명을 보전하셨다. 이후 400년이 지나는 동안, 여자와 아이들까지 합해 이백만에 달하는 큰 민족으로 키우셨다.

아브라함에게 하셨던 하나님의 언약은, 이와 같은 방법으로 이스라엘 백성을 만들어 가셨다. 아브라함의 씨로 말미암아 천하 만민이 복을 얻으리라 하신 언약을 보전시키기 위해 하나님은 강대국 애굽의 품에서 이스라엘을 보호하신 것이다. 하나님은 이 일에 요셉을 사용하셨다.

여기에 중요한 하나님의 원리가 담겨 있다. 요셉이 이스라엘을 보전하겠다는 꿈을 꾼 것이 아니라 하나님이 요셉을 사용하셨다. 간혹 요셉의 꿈을 인생에서 큰 야망을 품으라는 예로 사용한 때가 있다. 그런데 요셉 이야기는 그런 목적이 아니다. 요셉은 자기 인생의 꿈을 스스로 그리지 않았다.

들판에서 양을 치던 요셉은 '아, 내가 이렇게 양이나 치면서 살 수는 없지. 더 넓은 세상에 나가 큰일을 해야겠다'라고 생각한 적이 없다. 더구나 그 생각이 꿈으로 이어져 열한 개의 곡식단이 자기에게 절을 하고 별과 태양과 달들이 자기한테 절을 하는 꿈을 꾸게 된 것도 아니다. 그냥 자는 동안 꿈을 꾸었을 뿐이고, 이 꿈 때문에 형들에게 더욱 미움을 사 애굽 땅에 팔려 가고 말았다.

아라비아 상인들에게 자신을 노예로 팔아 버리는 비정한 형들이 얼마나 원망스러웠을까? 애굽에서의 삶은 또 얼마나 역경의 연속이었는가? 언제 죽을지 모르는 비참한 노예의 삶을 살면서, 오직 생존만이 관심사였을 뿐 꿈 따위는 생각할 여력이 없었을 것이다.

요셉이 꿈을 가졌기 때문이 아니라 하나님이 함께하셔서 요셉은 노예 생활 가운데 형통케 되었다. 그래서 보디발 장군의 집을 다스리는 권한을 가진 집사가 되었더니 또 억울한 일이 생겼다. 집사로 이제 좀 살 만한가 싶었더니, 보디발의 아내가 유혹했다. 요셉은 유혹을 뿌리쳤지만, 자존심이 상한 보디발의 아내가 억울하게 누명을 씌워 결국 감옥에 갇히고 만다. 감옥에 갇힌 요셉은 얼마나 마음이 무너졌겠는가.

요셉은 꿈이 멀어졌다는 낙담은커녕 자기가 꾼 꿈을 생각할 겨를도 없었다. 당장 지금 살아남는 게 문제였다.

그런데 성경은 무엇이라고 하는가? 하나님께서 함께하셔서 요셉이 형통케 되었다고 한다. 그래서 요셉은 감옥에서도 간수장의 일을 다 도맡아 하게 되었다.

그때 마침 감옥에는 지금으로 말하면, 대통령 비서실장급이 투옥되어 있었다. 그들은 왕의 떡과 포도주를 맡은 자들이었다.

어느 날 그들이 꿈을 꾸었다. 요셉은 그 꿈을 듣고 떡 맡은 사람은 3일 만에 죽을 것이며, 술 맡은 관원장은 곧 복직될 것이라고 해몽했다. 그러면서 요셉은 술 관원장에게 복직하면 자신의 무고함을 좀 풀어 달라고 청을 했지만, 술 맡은 관원장은 요셉을 까맣게 잊고 만다. 그것도 얼마나 서운했겠는가?

이후 2년여가 지난 어느 날 바로가 꿈을 꾸었다. 바로가 꿈 해석을 두고 전전긍긍하자, 술 맡은 관원장은 그제야 비로소 요셉을 떠올렸다. 술 관원장은 바로 왕에게 요셉에 관한 이야기를 하고 왕은 곧 요셉을 부른다. 요셉의 꿈 해석에도 하나님은 역시 함께하셨다.

바로의 꿈은 7년 동안의 풍년과 7년 동안의 흉년을 예고하는 내용이었다. 그때를 잘 준비하라는 요셉의 말에 바로 왕은 바로 요셉을 그 일을 할 사람으로 지목하며 총리에 앉혔다. 애굽은 왕정 국가이다. 왕을 중시하고 혈통을 중시하는 왕정 국가에서 왕의 꿈을 풀어 줬다고 총리를 시킬 수 있을까? 애굽과 같은 왕정 국가에서 히브리 사람 요셉이 총리가 된다는 것은 정말 있을 수 없는 일이었다.

그런데 여기 아주 재미있는 요소가 또 하나 숨어 있다. 바로 왕이 순수한 애굽 혈통 사람이 아니었다는 사실이다. 그에게는 다른 나라 피가 섞여 있었다. 왕이 다른 혈통이 섞인 사람이었기 때문에 히브리 사람 요셉을 총리로 세우는 일이 문제가 되지 않았다.

진짜 문제는 요셉이 죽은 다음이었다. 모세의 때에 바로 왕은 요셉을 알지 못했다. 모세는 주워서 길러지긴 하였으나, 어쨌든 바로의 혈통인 공주의 아들로서 자라난 왕자였다.

그래도 모세가 명색이 애굽의 왕자인데, 애굽 사람과 싸우다 그를 죽였다고 해서 왕자가 도망을 가야 할까? 국왕이 절대 권력을 소유한 왕정 국가에서는 왕자가 설령 천 명의 사람을 죽였다고 해도 벌을 받지 않는다.

하지만 모세의 때에 바로는 순수 애굽 혈통이었고, 순수 애굽 혈통을 매우 중시했다. 그런 상황에서 모세가 애굽 사람을 죽였으니, 결정적인 실수일 수밖에 없었다.

그 사건을 통해 모세는 자기가 순수 애굽 혈통이 아님을 드러냈다. 안 그래도 눈엣가시 같던 왕자였는데, 그런 일을 저질렀으니 자신을 죽일 빌미를 내어 준 꼴이 되었다. 그래서 모세는 도망을 갈 수밖에 없었다.

하나님은 이렇게 이스라엘 백성을 보전하시기 위해, 번성한 후 가나안 땅으로 돌아오는 일을 이루시기 위해, 애굽 왕을 이방 민족의 피가 섞인 왕으로 세우기도 하고 순수 혈통의 왕을 세우기도 하는 놀라운 일을 역사 속에 행하셨다.

애굽의 총리가 된 요셉 앞에 양식을 구하러 온 형들이 무릎을 꿇었다. 그 순간 요셉의 머릿속에 형들로 인해 시작된 고난의 세월이 주마등처럼 지나갔을 것이다. 노예 생활, 갖은 수모, 억울한 옥살이. 그 모든 고통의 세월을 생각하면 형들을 용서하고 싶지 않았을 것이다.

그때 볏단들이 절을 하고 태양과 별과 달이 절을 하던 꿈이 생각났다. 그리고 요셉의 머리를 스쳐 지나가는 생각이 있었다.

'아, 하나님께서 우리 민족을 보존하려고 나를 애굽으로 먼저 보낸 거구나! 나를 판 것은 형들이 아니라 하나님이 나를 애굽 땅으로 보내기 위해 하신 일이었구나. 내가 비록 노예로 팔렸지만, 하나님께서 우리 민족을 사랑하시기 때문에 형들을 통해 하셨구나.'

그렇게 생각하자, 형들에 대한 미움과 복수할 마음이 사라졌다. 요셉이 형들을 용서할 수 있었던 것은 하나님께서 보여 주신 꿈 때문이었다. 만약 그 꿈이 없었다면, 아마 요셉은 형들에게 복수했을지도 모른다. 그 꿈이 있었기에 자신이 팔린 것이 아니라 보내졌다고, 자신의 인생을 해석할 수 있었다.

요셉은 죽으면서, 이스라엘 자손에게 애굽을 떠나 가나안으로 나갈 때 자신의 해골을 매고 나가 달라고 했다. 화려한 애굽의 매장지가 있는데, 요셉이 자기 해골을 매고 나가 달라니 아마 옆에 서 있던 애굽 대신들은 이해를 못 했을 것이다. 그러나 요셉은 하나님의 사람이었기에 자신이 애굽 땅에 묻혀 있을 사람이 아니라는 것을 알았다. 하나님이 약속한 가나안 땅은 척박한 땅이지만, 그곳에 하나님의 임재가 있고 하나님의 약속이 있었기에 그 땅에 묻혀야 했다.

히브리서 11장을 보면, 요셉이 총리가 된 사건을 기록하지 않는다. 오히려 요셉이 해골을 매고 나가게 했던 것 때문에 그를 믿음의 영웅으로 그린다.

"믿음으로 요셉은 임종시에 이스라엘 자손들이 떠날 것을 말하고 또 자기 뼈를 위하여 명하였으며"(히 11:22).

이 구절이 요셉의 믿음을 이야기하는 히브리서 저자의 관점이다. 만약 요셉이 오늘날 우리가 이야기하는 비전처럼 꿈을 꾼 것이 있었다면, 그것은 오직 가나안 땅이었다. 하나님의 약속과 임재가 있는 그 땅에 묻히는 것이 요셉의 진정한 꿈이었다.

모세와 맺은 언약 : 율법 언약

이스라엘은 430년 만에 출애굽을 한다. 430년 동안이나 종살이를 하다가 이제 약속의 땅으로 가는 이유가 무엇일까? 하나님께서는 "너희를 내 백성으로 삼기 위하여 애굽 삶의 무거운 짐으로부터 너희를 **빼낸** 여호와인 줄 너희가 알지라"라고 말씀하셨다. 그러면서 이제 이스라엘 백성이 가나안 땅에서 어떻게 하나님의 백성으로서 살아가야 할지 구체적으로 주시는 언약이 율법이다. 하나님께서는 시내 산에서 모세와 언약을 체결하시면서 율법을 주셨다.

> "내가 애굽 사람에게 어떻게 행하였음과 내가 어떻게 독수리 날개로 너희를 업어 내게로 인도하였음을 너희가 보았느니라 세계가 다 내게 속하였나니 너희가 내 말을 잘 듣고 내 언약을 지키면 너희는 모든 민족 중에서 내 소유가 되겠고 너희가 내게 대하여 제사장 나라가 되며 거룩한 백성이 되리라 너는 이 말을 이스라엘 자손에게 전할지니라"(출 19:4-6).

이렇게 언약을 주시면서 하나님의 말씀에 순종하라고 이야기하지만, 이스라엘 백성은 광야에서 하나님의 약속의 말씀을 믿지 않고 불순종한다. 그 결과, 광야에서 출애굽 1세대는 안타깝게 모두 죽고 말았다.

신명기 29장에 보면, 모압 땅에서 그 출애굽 1세대의 자식들과 다시 언약을 체결하신다.

"호렙에서 이스라엘 자손과 세우신 언약 외에 여호와께서 모세에게 명령하여 모압 땅에서 그들과 세우신 언약의 말씀은 이러하니라"(1절).

호렙의 언약은 출애굽 1세대인 모세와 맺은 언약이다. 그런데 호렙에서의 언약을 어겼던 1세대는 모두 죽고, 하나님은 다시 모압 땅에서 모세와 출애굽 2세대에게 언약의 말씀을 내리셨다.

"오늘 너희 곧 너희의 수령과 너희의 지파와 너희의 장로들과 너희의 지도자와 이스라엘 모든 남자와 너희의 유아들과 너희의 아내와 및 네 진중에 있는 객과 너를 위하여 나무를 패는 자로부터 물 긷는 자까지 다 너희의 하나님 여호와 앞에 서 있는 것은 네 하나님 여호와의 언약에 참여하며 또 네 하나님 여호와께서 오늘 네게 하시는 맹세에 참여하여 여호와께서 네게 말씀하신 대로 또 네 조상 아브라함과 이삭과 야곱에게 맹세하신 대로 오늘 너를 세워 자기 백성을 삼으시고 그는 친히 네 하나님이 되시려 함이니라 내가 이 언약과 맹세를 너희에게만 세우는 것이 아니라 오늘 우리 하나님 여호와 앞에서 우리와 함께 여기 서 있는 자와 오늘 우리와 함께 여기 있지 아니한 자에게까지이니"(신 29:10-15).

이 언약에는 유아, 여자, 심지어는 손님에다 나무를 베고 물 긷는 종까지도 동참시켰다. 당시에는 이방인도 토라 율법을 지키고 유대인처럼 물세례와 할례를 받으면 유대인과 동등한 대우를 받았다.

이렇듯 하나님께서는 아브라함과 모세의 시대에 이미 이스라엘 민족만이 아니라 이방인도 언약에 동참시키셨다.

또 15절에 보면, 하나님은 '우리와 함께 여기 서 있는 자'와 '오늘 우리와 함께 여기에 있지 아니하는 자'까지도 포함하신다. 그렇다면 모압 땅의 언약에 함께 서 있지 않았던 자들은 과연 누구일까? 아브라함과의 언약에서 '너와 네 자손과 후손'과 영원한 언약을 맺겠다고 한 바 있다. 그 영원한 언약에서 '함께 서 있지 않는 자'란 바로 지금의 우리를 가리키는 말이다. 그렇게 언약을 세우신 후에 하나님은 우리를 당신 백성으로 삼으시고, 친히 우리의 하나님이 되고자 하셨다. 이제 이스라엘 백성은 가나안 땅에서 언약의 백성으로서 하나님의 율법을 지키며 살아가게 된다.

다윗과 맺은 언약 : 왕국 언약

"아브라함과 다윗의 자손 예수 그리스도의 계보라"(마 1:1).

신약은 예수님을 다윗의 자손으로 부른다. 왜 그런지 다윗의 때로 거슬러 가 보자. 다윗은 기름 부음을 받았지만 바로 왕위에 앉지 못했다. 사울 왕에게 쫓기고 많은 시련을 겪은 뒤에야, 이스라엘 전체의 왕이 될 수 있었다. 어렵게 통일왕국을 이룬 다윗이 어느 날 왕궁에 누워 생각해 보니, 지난 세월이 주마등처럼 스쳐 갔다. 보잘

것없는 목동에게 기름을 부어 한 나라의 왕으로 세워 주시고 이끌어 주신 하나님께 정말 감사했다.

너무 감사한 나머지, 하나님께 무언가 해 드리고 싶은 소원이 생겼다. 그런데 생각해 보니, 자신은 궁전에 머무는데 하나님의 집은 장막이었다. 다윗은 하나님께 성전을 지어 드리고 많은 재물을 드리며 하나님을 예배하기 원했다. 그런데 하나님께서 그 소원을 거절하신다. 대신 선지자를 통해 말씀하셨다.

"나단아, 다윗한테 가서 말해라. 내가 양을 치는 목동인 너를 불러 한 나라의 주권자로 삼았다. 네가 나를 위해 집을 짓겠다고 하지만, 하늘이 내 보좌이고 땅이 내 발등상인데 나를 어디에 집어넣겠다는 말이냐. 그게 아니라 나 하나님이 다윗 너의 집을 지어 주겠다. 다윗의 왕가가 계속 이어져 나가게 함으로써 다윗의 집을 내가 짓겠다."

이 말씀의 뜻은 무엇일까? 하나님께서는 다윗이 지은 성전에 거하실 수는 없었다. 하나님께는 하늘이 보좌요, 땅이 발등상이다. 발등상은 왕이 한 나라를 접수하면 그 땅을 다스린다는 의미로 발을 올려놓는 단을 말한다. 다윗은 하나님의 뜻을 모르고 인간 기준으로 지은 집 안에 하나님을 모시려 했다.

그러나 하나님은 다윗의 마음을 받으시며 무엇이라고 말씀하시는가? "내가 다윗의 집을 짓겠다"고 하신다. 다윗의 집을 짓는다는 것은 다윗의 왕위를 이어 간다는 말씀이다.

그러다가 마침내 다윗의 자손으로 오시는 예수님이 왕이 되시어 다스리는 나라를 하나님의 집으로 삼겠다는 말씀이다. 다시 말해 하나님께서 이스라엘을 백성으로 삼으시고, 그 백성을 하나님의 집으로 여기시겠다는 말씀이다.

이 말씀을 사도 바울은 이렇게 이야기한다. "너희는 너희가 하나님의 성전인 것과 하나님의 성령이 너희 안에 계시는 것을 알지 못하느냐"(고전 3:16). 하나님은 다윗의 마음을 받으셨다. 그리고 "내가 영원히 그를 내 집과 내 나라에 세우리니"(대상 17:14)라고 언약을 맺으셨다. 역대상 17장 12-16절 말씀도 같은 핵심을 담고 있다.

"그는 나를 위하여 집을 건축할 것이요 나는 그의 왕위를 영원히 견고하게 하리라 나는 그의 아버지가 되고 그는 나의 아들이 되리니 나의 인자를 그에게서 빼앗지 아니하기를 내가 네 전에 있던 자에게서 빼앗음과 같이 하지 아니할 것이며 내가 영원히 그를 내 집과 내 나라에 세우리니 그의 왕위가 영원히 견고하리라 하셨다 하라 나단이 이 모든 말씀과 이 모든 계시대로 다윗에게 전하니라 다윗 왕이 여호와 앞에 들어가 앉아서 이르되 여호와 하나님이여 나는 누구이오며 내 집은 무엇이기에 나에게 이에 이르게 하셨나이까" (대상 17:12-16).

다윗이 다스리는 왕위가 이어지듯, 예수님이 오셔서 왕으로 다스릴 그 나라가 영원하리라는 언약을 맺으셨다. 그 나라가 바로 예수님이 다스리시는 하나님 나라다.

선지자들과 맺은 언약 : 새 언약

"한 아기가 우리에게 났고 한 아들을 우리에게 주신 바 되었는데 그의 어깨에는 정사를 메었고 그의 이름은 기묘자라, 모사라, 전능하신 하나님이라, 영존하시는 아버지라, 평강의 왕이라 할 것임이라 그 정사와 평강의 더함이 무궁하며 또 다윗의 왕좌와 그의 나라에 군림하여 그 나라를 굳게 세우고 지금 이후로 영원히 정의와 공의로 그것을 보존하실 것이라 만군의 여호와의 열심이 이를 이루시리라"(사 9:6-7).

하나님께서는 이사야 선지자를 통해 한 나라의 왕과 메시아로 오셔서 통치하실 그 나라는 영원하리라고 강조하신다. 예레미야 선지자를 통해서는 새 언약을 세우겠다고 말씀하신다.

"여호와의 말씀이니라 보라 날이 이르리니 내가 이스라엘 집과 유다 집에 새 언약을 맺으리라 이 언약은 내가 그들의 조상들의 손을 잡고 애굽 땅에서 인도하여 내던 날에 맺은 것과 같지 아니할 것은 내가 그들의 남편이 되었어도 그들이 내 언약을 깨뜨렸음이라 여호와의 말씀이니라 그러나 그 날 후에 내가 이스라엘 집과 맺을 언약은 이러하니 곧 내가 나의 법을 그들의 속에 두며 그들의 마음에 기록하여 나는 그들의 하나님이 되고 그들은 내 백성이 될 것이라 여호와의 말씀이니라"(렘 31:31-33).

왜 모세와 맺은 언약과는 다른 새 언약이었을까? 그 이유는 이스라엘 백성이 가나안 땅에 들어가서 우상을 섬기며 그 언약을 깨뜨렸기 때문이다.

이스라엘 백성은 농사를 지어 본 경험이 없었다. 애굽에서 목축으로 생계를 유지했고 광야에서는 하나님이 주신 만나를 먹었다. 그런데 가나안 땅에 살게 되니 농사를 지어 그 땅의 토산물을 먹어야 했다. 하나님은 여호수아에게 가나안의 모든 족속을 내쫓으라고 하셨다. 하지만 이스라엘 백성은 땅을 점령하고 먹고 살 만해지자 전쟁이 싫었다. 결국, 가나안 족속을 남겨 놓았고 그들의 삶의 방식을 볼 수 있었다.

농경에는 기후와 인력이 중요하다. 가나안은 태양신 바알과 다산의 신 아세라를 섬겨 농사에 필요한 기후와 인력을 구했다. 농사 경험이 없는 이스라엘 백성은 풍년이 되어야만 내일을 보장할 수 있었다. 농사를 잘 지어 풍년을 맞기 위해 가나안 족속의 방식을 따랐다. 그들은 태양신과 다산의 신의 축복이 필요했다. 결국, 이스라엘은 하나님을 저버리고 농경을 관장하는 신을 섬기기 시작했다.

하나님이 어떤 분이신가? 풀 한 포기조차 심을 수도 없고, 물 한 방울도 없는 광야에서 이스라엘을 입히고 먹이고 인도해 주신 분이다. 그런데 이스라엘 백성은 가나안 도착한 후 만나가 떨어지자마자, 즉각 믿음을 저버렸다. 가나안 족속처럼 스스로 먹을 것을 찾고 쌓아야 할 것 같은 불안감에 시달렸다. 농사가 잘돼야만 인생을 보장받을 수 있다고 여겼다. 풍년만 될 수 있다면 하나님이 아닌 바알과 아세라 신을 섬겨도 상관없었다.

바울은 에베소서와 골로새서에서 탐심이 곧 우상숭배라고 지적했다. 이스라엘은 결국 미래의 보장과 현재의 욕심 때문에 우상을 섬겼다. 이것이 인간의 모습이다. 참 악하고 어리석다. 죄의 모습이 이렇다. 이렇게 이스라엘이 우상을 섬겨 하나님과 모세의 언약을 파기하자, 결국 선지자를 통해 새 언약을 약속하셨다. 모세의 율법이 돌판에 새겨진 법이었다면, 새 언약은 사람의 마음에 기록하겠다고 하셨다.

"또 새 영을 너희 속에 두고 새 마음을 너희에게 주되 너희 육신에서 굳은 마음을 제거하고 부드러운 마음을 줄 것이며"(겔 36:26).

돌판에 새겨진 율법은 인간의 의지로 지켜야 한다. 그러나 마음에 새겨진 법은 하나님의 새 영, 즉 성령을 우리 안에 주셔서 육신의 굳은 마음을 버리고 부드러운 마음으로 그 법을 지키게 하셨다. 그래서 '나는 너희의 하나님이 되고 너희는 나의 백성이 되어' 너희 안에 성령이 율례와 법도를 지켜 가도록 하겠다는 말씀이다.

주의 날이 이르리라

구약에서 말라기 선지자를 통해 이스라엘에 주어진 마지막 예언은 "주의 날이 임한다"였다. 당시 이스라엘은 바벨론의 포로였다. 그런 상황에서 주의 나라가 임한다는 말은 하나님이 자기 민족을 회복시킨다는 말씀과 같았다. 이스라엘은 여호와께서 다윗과 솔로몬의 부귀영화를 다시 회복시켜 주시길 희망했다.

그러나 말라기 선지자 이후 400년 동안 하나님으로부터 어떤 계시도 없었다. 하나님의 언약의 끈을 놓지 않고 있었던 이스라엘 백성은 주의 날이 이루어지라는 말씀을 되새겼다. 그리고 하나님을 대적했던 자들을 심판하시고 주의 백성을 구원하고 회복시켜 주실 거라는 메시아 대망 사상을 품고 있었다.

"보라 여호와의 크고 두려운 날이 이르기 전에 내가 선지자 엘리야를 너희에게 보내리니 그가 아버지의 마음을 자녀에게로 돌이키게 하고 자녀들의 마음을 그들의 아버지에게로 돌이키게 하리라 돌이키지 아니하면 두렵건대 내가 와서 저주로 그 땅을 칠까 하노라 하시니라"(말 4:5-6).

그리고 말라기 선지자의 예언처럼 아버지의 마음을 자녀에게 돌이키듯, 하나님을 떠났던 그들을 하나님 앞으로 되돌리는 역할을 하게 될 엘리야 같은 이를 기다리고 있었다. 400년의 침묵 속에서 유대인들은 전설처럼 그날이 오기를 고대했다. 로마의 식민지 아래에서도 이스라엘은 메시아가 오면 로마의 억압과 착취에서 풀려나리라고 믿었다. 그런데 메시아가 오기 전에 말라기 선지자가 예언한 그 엘리야가 먼저 와야 했다.

사복음서를 보면 예수님 앞에 항상 세례 요한이 등장한다. 마태복음 3장 1-4절은 세례 요한의 모습을 이렇게 표현한다.

"그때에 세례 요한이 이르러 유대 광야에서 전파하여 말하되 회개하라 천국이 가까이 왔느니라 하였으니 그는 선지자 이사야를 통하여 말씀하신 자라 일렀으되 광야에 외치는 자의 소리가 있어 이르되 너희는 주의 길을 준비하라 그가 오실 길을 곧게 하라 하였느니라 이 요한은 낙타털 옷을 입고 허리에 가죽 띠를 띠고 음식은 메뚜기와 석청이었더라."

그런데 열왕기하 1장 8절에 나오는 엘리야의 차림새를 보자.

"그는 털이 많은 사람인데 허리에 가죽 띠를 띠었더이다 하니 왕이 이르되 그는 디셉 사람 엘리야로다."

구약에 활동하던 엘리야의 복장과 세례 요한의 복장이 비슷하다. 약대 털옷을 입고 허리에 가죽띠를 두른 사람이 요단 강가에서 소리를 지르자, 사람들은 세례 요한을 혹시 오시리라 한 엘리야가 아닐까 생각했다. 그래서 콧대 높은 바리새인과 서기관들도 전부 그곳에 가 보았다. 만약 오리라 한 엘리야가 저 사람이라면, 곧이어 메시아가 등장할 것이기 때문이다. 메시아가 오면 잃어버렸던 다윗의 영광을 회복하고 로마의 억압과 착취에서 벗어나게 해 줄 것으로 기대했다. 이스라엘 사람들에겐 그것이 큰 관심사였다. 그래서 전부 요단 강가에 몰려와 세례 요한의 설교를 들었다.

예수님은 세례 요한에 대해 "모든 선지자와 율법이 예언한 것은 요한까지니 만일 너희가 즐겨 받을진대 오리라 한 엘리야가 곧 이 사람이니라"(마 11:13-14)고 말씀하신다. 콧대 높은 당시 종교지도자들은 세례 요한을 엘리야로 인정하지 않았지만, 예수님은 마태복음 17장 10-13절에서 그 사실을 분명히 밝히신다.

"제자들이 물어 이르되 그러면 어찌하여 서기관들이 엘리야가 먼저 와야 하리라 하나이까 예수께서 대답하여 이르시되 엘리야가 과연 먼저 와서 모든 일을 회복하리라 내가 너희에게 말하노니 엘리야가 이미 왔으되 사람들이 알지 못하고 임의로 대우하였도다 인자도 이와 같이 그들에게 고난을 받으리라 하시니 그제서야 제자들이 예수께서 말씀하신 것이 세례 요한인 줄을 깨달으니라."

이 말씀은 굉장히 중요하다. 왜냐하면 오리라 한 엘리야가 바로 세례 요한이라면, 이제 당신이 메시아임을 밝히게 될 것이기 때문이다.

그런데 정작 세례 요한은 요한복음 1장에서 자신이 엘리야인지 묻는 말에 아니라고 대답한다. 자기는 단지 메시아의 길을 예비하러 왔다고 한다. 세례 요한은 자기는 엘리야가 아니라 하고, 예수님은 오리라는 엘리야가 바로 세례 요한이라고 하니, 두 사람의 말만 놓고 보면 모순이다.

이는 유대 전설에서 온 오해이다. 구약의 엘리야는 죽지 않고 승천했다. 이 까닭에 유대에는 엘리야가 다시 오리라는 전설이 있었다. 당시 유대인들은 엘리야가 환생해서 올 줄로 믿었다. 세례 요한이 엘리야가 아니라고 대답한 것은 환생한 엘리야가 아니라는 말이다. 그리고 예수님이 말씀하셨듯이, 메시아 앞에 하나님이 보낸 엘리야의 역할을 하는 사람은 바로 세례 요한이었다.

드디어 구약의 언약이 성취되고 예수께서 메시아로 등장하신다. 참으로 가슴 벅찬 일이지 않은가!

언약의 성취자 : 하나님의 어린 양

이스라엘 백성은 속죄 제사를 드릴 때면 양을 잡아 그 머리에 손을 얹고 자신의 죄를 전가하는 의식을 행했다. 제사장이 칼로 양을 죽이고 피 흘려 태워 제사를 지내는 것으로 자신의 죄를 용서받았다. 이렇게 죄 사함을 위해 흠 없고 깨끗한 양을 죽이듯 내 죄를 대신해 피 흘릴 어린 양으로 예수님이 이 땅에 오셨다.

"아들을 낳으리니 이름을 예수라 하라 이는 그가 자기 백성을 그들의 죄에서 구원할 자이심이라"(마 1:21).

예수님이 태어날 당시, 헤롯 왕은 유대인의 왕이 태어났다는 소문을 듣자 반역이 일어날까 두려웠다. 그래서 베들레헴에 사는 두 살 아래 아기들은 모두 죽이라고 명했다. 이때 천사의 지시를 받은 요셉과 마리아는 애굽으로 피했다. 그래서 아기 예수는 화를 면했다. 그런데 마가복음 2장에서 이 사건을 이렇게 기록하고 있다.

"요셉이 일어나서 밤에 아기와 그의 어머니를 데리고 애굽으로 떠나가 헤롯이 죽기까지 거기 있었으니 이는 주께서 선지자를 통하여 말씀하신 바 애굽으로부터 내 아들을 불렀다 함을 이루려 하심이라"(마 2:14-15).

이 구절의 의미는 모세로 거슬러 간다. 모세는 여호와께서 '나와 같은 선지자 하나를 일으키실 것'(신 18:15 참조)이라고 했다. 이 말씀을 기억하는 이스라엘 사람들은 애굽에서 이스라엘 민족을 구출했던 모세가 제1 모세라면, 다시 이스라엘을 로마로부터 구원하기 위한 모세와 같은 선지자, 곧 제2의 모세인 메시아와 같은 분이 나타날 것이라 믿었다.

그런데 "애굽으로부터 내 아들을 불렀다 함을 이루려 하심이라"는 말은 헤롯을 피해 애굽으로 갔던 예수께서 다시 애굽에서 나오는 것을 예언의 성취로 말씀하고 있다. 애굽에서 노예 생활하던 이스라엘을 구출한 모세처럼 이제 로마에서 종살이하는 지금의 이스라엘을 예수께서 불러내실 거라는 의미다.

예수님이 광야에서 40일 동안 시험을 받은 사건은 제1 모세가 출애굽 전에 광야에서 40년 생활을 한 것과 일맥상통한다. 먹을 것이 없다고 아우성쳤던 광야의 이스라엘은 하나님이 먹을 양식을 모두 주셨어도 불순종했다. 그러나 예수님은 광야 40일 기간의 모든 시험을 다 이기셨다.

예수님이 광야에서 40일 동안 굶었을 때, 사단은 "네가 만일 하나님의 아들이어든 명하여 이 돌들로 떡덩이가 되게 하라"(마 1:3)고 했다. 이 구절을 돌을 떡으로 만들라는 능력의 시험으로 생각하기 쉽다. 그러나 이 말씀의 핵심은 능력이 아니다. 사단은 "네가 하나님의 아들이어든"이라는 조건을 내걸었다.

예수께서 세례 요한에게 세례를 받고 물 위로 올라오실 때, 하나님은 예수님에게 "너는 내 사랑하는 아들이요, 내 기뻐하는 자니"라고 말씀하셨다. 완전한 인간으로 오셨던 예수님은 세례 사건 이전이나 이후에도 "정말 내가 하나님의 아들일까?"라는 의구심을 가지셨을 수도 있다.

육신을 가진 예수님이 40일을 굶자, 사단이 찾아와 조롱하며 묻는다.

"네가 정말 하나님의 아들이야? 네가 만일 정말 하나님의 아들이라면 지금 돌을 떡으로 만들어 봐. 그러면 하나님의 아들임을 입증할 수 있어."

사단은 능력을 시험한 것이 아니다. 사단은 예수님이 하나님의 아들이라는 사실을 회의하도록 시험했다. 그러나 예수님은 "사람이 떡으로만 살 것이 아니요 하나님의 입으로부터 나오는 모든 말씀으로 살 것이라"(마 1:4)고 못을 박았다. "너는 내 사랑하는 아들이요, 기뻐하는 자"라고 하신 그 말씀을 믿음으로 확신했다.

하나님은 이스라엘 백성이 하나님의 말씀을 믿고 살기를 바라셨다. 그러나 이스라엘 백성은 광야에서 "내가 너의 하나님인 줄 알게 하셨다"는 말씀을 믿지 않고 하나님을 원망했다. 반면 예수님은 광야의 이스라엘처럼 자기 존재를 증명하려는 시험에 실패하지 않고 하나님의 말씀을 믿는 믿음으로 승리하셨다.

또 사단은 예수님을 성벽 꼭대기로 데리고 가서는 이렇게 시험한다. "네가 하나님의 말씀을 믿는다고? 그렇다면 여기서 뛰어내려 봐. 성경에는 네가 하나님의 아들이라면 돌에 부딪히지 않게 천사가 와서 지켜 준다고 약속했잖아. 그 말씀대로 한 번 뛰어내려 봐."

하지만 예수님은 사단의 시험에 넘어가지 않고 단호하게 말씀하신다. "주, 너희 하나님을 시험치 말라." 말씀대로 되는지 안 되는지 하나님을 시험하지 않겠다는 뜻이다.

그러자 이번에는 사단이 예수님을 데리고 지극히 높은 산에 올라갔다. 그러고는 예수님이 이 땅에 오신 목적 자체를 거부하도록 유혹한다.

"왜 고난의 십자가를 지고서야 영광을 받으려고 하느냐, 그렇게 힘들이지 않고 나에게 한 번만 절하면 산 아래 모든 영광을 줄게."

그때 예수님이 외치셨다. "사단아! 물러가라!" 예수님은 십자가 고난을 통해 영광을 받으실 분이다. 그런데 사단은 고난을 거부하도록 시험했다. 예수님은 시험을 물리치시고 승리하셨다.

이스라엘 백성은 광야에서 실패했다. 하나님께서 그들을 하나님의 말씀에 의지하고 하나님만을 경배하도록 40년간 훈련했음에도 실패하고 말았다.

하지만 제2의 모세인 예수님은 애굽에서 나와 모든 구원받은 하나님의 백성 대표로 광야의 시험에 승리하셨다. 하나님의 말씀을 믿고, 하나님만을 경배하는 자로 시험을 이기셨다. 예수님은 구약 언약의 성취자로서 우리의 구원자이시다.

하나님께서 아담과 하와를 잘못 만들어 그들이 하나님을 하나님으로 여기지 않는 죄를 범한 게 아니다. 하나님이 이스라엘 백성을 잘못 만드셔서 광야에서 하나님께 범죄한 게 아니다. 예수님도 똑같은 인간이셨다. 하지만 예수님은 모든 인간이 과거에 실패했던 일들을 온전한 인간으로서, 사단의 시험과 미혹으로부터 이기셨다.

하나님 나라의 선포

예수님이 공생애를 시작하시며, 하나님 나라가 이 땅에 왔음을 선포하셨다. 사단의 권세와 시험을 이기시고 예수님이 새로운 나라를 이루셨다는 말이다. 이제 새로운 나라의 통치자로서 "회개하고 하나님의 복음을 믿으라"(막 1:15 참조)고 외치셨다.

예수님의 명령 앞에 자연계도, 영계도, 육신의 질병도 모두 다 순종했다. 예수님의 기적은 새로운 통치자가 오셔서 옛 시대가 무너지고 새 시대가 열리고 새로운 질서가 시작되었음을 알렸다. 새 포도주를 새 부대에 담는 새 시대, 하나님이 왕이 되어 다스리시고 당신의 백성을 보존하시고 보호하실 하나님의 나라가 시작되었다.

"요한이 옥에서 그리스도께서 하신 일을 듣고 제자들을 보내어 예수께 여짜오되 오실 그이가 당신이오니이까 우리가 다른 이를 기다리오리이까 예수께서 대답하여 이르시되 너희가 가서 듣고 보는 것을 요한에게 알리되 맹인이 보며 못 걷는 사람이 걸으며 나병환자가 깨끗함을 받으며 못 듣는 자가 들으며 죽은 자가 살아나며 가난한 자에게 복음이 전파된다 하라"(마 11:2-5).

예수님은 이사야의 예언이 성취되어 하나님 나라가 도래했다고 말씀하신다.

"천국은 마치 사람이 자기 밭에 갖다 심은 겨자씨 한 알 같으니 이는 모든 씨보다 작은 것이로되 자란 후에는 풀보다 커서 나무가 되매 공중의 새들이 와서 그 가지에 깃들이느니라"(마 13:31-32).

이 말씀은 이미(already) 하나님 나라가 이 땅에 임했다고 말함과 함께 아직(not yet) 풍성하게 자라나야 할 미래적 하나님 나라에 관해서도 이야기한다.

우리는 미래적 하나님 나라를 사모하며 이 땅을 사는 자들이다. 죄와 사망의 권세를 깨뜨리시고 부활하고 승천하시어 지금도 이 땅을 다스리시다가 언젠가 이 땅에 심판주로 재림하시고 마침내 영광스러운 하나님 나라를 완성하실 우리의 왕 예수 그리스도를 사모하며 사는 우리는 그리스도인이다.

그런데 이 기쁜 소식을 우리만 알아서는 안 된다. 주님은 이 땅에서 아무도 멸망치 않고 모든 사람을 구원하기 원하신다. 그래서 우리에게 가라고 명령하셨다. 가서 모든 족속을 그리스도의 제자로 삼으라고 하셨다. 이미 하나님의 나라가 이 땅에 왔고, 새로운 질서가 이 땅에 임했기에 하나님 나라는 온 열방 가운데 드러날 것이다.

그리스도인은 땅 끝까지 하나님 나라의 복음을 전파해야 하는 존재들이다. 또한 정치·경제, 문화·예술, 과학·학문, 미디어, 스포츠 등 삶의 모든 영역에서 하나님의 하나님 되심을 나타내야 한다.

새 하늘과 새 땅

마지막으로 예수님의 계시를 통해 이루어질 나라를 요한계시록 21장에서 말씀하신다. 예수님은 재림하셔서 구약 시대에 오실 메시아를 믿었던 사람, 신약 시대에 오신 예수님을 믿었던 사람들을 다 데리고 새로운 차원의 세계로 들어가신다. 이렇게 예수님의 재림을 통해 이루어진 새로운 차원의 나라가 "새 하늘과 새 땅"이다.

"또 내가 새 하늘과 새 땅을 보니 처음 하늘과 처음 땅이 없어졌고 바다도 다시 있지 않더라 또 내가 보매 거룩한 성 새 예루살렘이 하나님께로부터 하늘에서 내려오니 그 준비한 것이 신부가 남편을 위하여 단장한 것 같더라"(계 21:1-2).

요한계시록은 천국을 황금, 보석, 열두 진주로 꾸며진 화려한 곳으로 묘사한다. 그러나 천국 묘사는 단순히 외적인 것들을 이야기하는 것이 아니다. 거룩한 성, 새 예루살렘을 신부가 남편을 위해 단장한 것으로 이야기한다. 그리스도의 신부인 우리의 아름다움을 황금보석으로 표현한 것이다.

물론 우리가 흔히 말하는 천국, 즉 미래적 하나님의 나라는 외형적으로 더 없이 아름다울 것이다. 미래적 하나님의 나라는 "하나님이 이르시되 우리의 형상을 따라 우리의 모양대로 우리가 사람을 만들고 그들로 바다의 물고기와 하늘의 새와 가축과 온 땅과 땅에 기는 모든 것을 다스리게 하자"(창 1:26)라는 말씀의 완전한 성취이자 회복이다.

"내가 들으니 보좌에서 큰 음성이 나서 이르되 보라 하나님의 장막이 사람들과 함께 있으매 하나님이 그들과 함께 계시리니 그들은 하나님의 백성이 되고 하나님은 친히 그들과 함께 계셔서 모든 눈물을 그 눈에서 닦아 주시니 다시는 사망이 없고 애통하는 것이나 곡하는 것이나 아픈 것이 다시 있지 아니하리니 처음 것들이 다 지나갔음이러라"(계 21:3-4).

미래적 하나님 나라에서는 하나님의 장막이 사람과 함께 있다고 한다. 아담과 하와가 하나님을 하나님으로 여기지 않은 죄로 말미암아 사람은 하나님과 단절되었다. 하나님의 궁극적인 목적은 죄로 인해 단절된 관계들 속에서 임마누엘을 회복하는 것이다. 하나님이 우리 안에 들어오셔서 내 안에 거하시겠다는 것이다. 그래서 영원히 우리와 함께하겠다는 임마누엘을 이루신다.

이 임마누엘의 현재적 하나님 나라가 지금도 성령을 통해 우리 가운데 거하신다. 아직은 사단이나 불신자들이나 육신의 연약함 때문에 갈등하지만, 여기에 들어가면 완전한 임마누엘, 나를 창조하신 하나님 안에서 나의 나 됨을 발견하게 될 것이다.

마이크를 설계했다고 하자. 설계자의 가장 큰 기쁨은 자신이 설계한 대로 마이크가 기능을 잘 발휘해 사람들이 활용하는 것이다. 그것이 설계자의 영광이다. 다시 말해 하나님의 영광은 하나님께서 창조하신 그대로 하나님의 속성이 그대로 투영되어 내가 가장 나다울 때 드러난다. 가장 나다운 내가 되어 행복하게 살아갈 때, 하나님의 영광이 된다.

흔히 성공하고 출세하고 잘되면, 하나님이 영광을 받으실 거라고 말한다. 하지만 태양 앞에 촛불을 켠다고 태양이 더 밝아지는가? 하나님은 이미 영광 그 자체이시다. 하나님께서 창조하신 나의 나됨을 발견하고 그 사실을 기뻐하고 그 모습을 주신 하나님의 은혜와 선물에 감사하는 것이 하나님께 영광을 돌리는 것이다.

하나님께서 만드신 대로 인간이 자기 자신을 가장 기뻐할 때, 하나님도 가장 기뻐하신다. 그런데 나 자신이 하나님의 창조물인데도 나다운 기쁨과 그렇게 만드신 하나님께 대한 즐거움과 감사를 잃어버리면, 하나님의 영광을 가린다.

내가 소유한 무엇으로 하나님께 영광을 돌리려 하지 말고, 나의 나됨으로 하나님께 기쁨과 영광을 돌려야 한다. 나의 나 됨 속에서 나를 창조하신 하나님을 기뻐하며 감사하며 영원히 사는 나라가 미래적 하나님 나라다.

우리는 하나님의 영광의 빛이 얼마나 놀랍고 찬란한지 모르고 산다. 그러나 임마누엘 되신 그리스도를 알면 알수록 주님의 부요함과 넉넉함 속에서 그 존재 의미와 가치와 성품이 내 안에도 이루어진다. 이루어지면 질수록 하나님의 형상으로서의 나 됨의 기쁨과 즐거움이 늘어 간다. 하나님 나라는 의와 평강과 기쁨이 항상 나와 함께 있는 놀라운 나라다 (롬 14:17).

이 땅에서는 어느 때는 예수님으로 기쁨을 느끼고, 어느 때는 문제가 생겨 곤두박질치고, 그러다가 또다시 주님 때문에 살아나고, 엎치락뒤치락하는 연약한 신앙의 모습으로 살아간다. 우리 삶이 이러함에도 하나님은 우리를 영광스러운 미래의 하나님 나라로 이끌고 계신다.

"난 너희의 아버지가 되고 넌 나의 아들이 될 것이라"는 이 언약을 하나님이 반드시 성취하실 것이다. 이 땅의 그리스도인들은 "마라나타! 아멘 주여. 어서 오시옵소서" 하며 주님의 재림을 기대하며 사는 자들이다.

예수 그리스도의 재림을 통해 이루어질 나라에는 각 나라 백성 족속 온 나라 사람들이 그리스도의 보혈로 죄를 씻고 흰옷을 입고 손에 승리의 월계수인 종려가지를 들고 보좌에 앉으신 어린 양께 영광과 찬송을 올려 드릴 것이다(계 7:9 참조). 영광스런 하나님 나라의 백성이 될 그 땅을 지금 우리의 비전으로, 우리의 꿈으로 품고 살아가야 한다.

1970-80년대를 살아온 486세대들은 한국의 민주화를 위해 자신의 젊음을 던졌다. 때로는 캠퍼스에서 시위하고, 분신하기도 하고, 농촌이나 공장에서 노동자들과 함께했다. 소 팔고 땅 팔아 서울로 대학교를 보냈는데, 학교에서는 정학 처분을 당하고 때론 구속되기도 했다.

힘든 시절이었지만, 그들의 마음속엔 한국의 민주화가 현실로 다가올 것을 기쁨으로 여기며 자유를 포기했다. 이처럼 그들은 사회 변혁을 위해서 자기 인생을 내던졌다.

우리 그리스도인은 영원한 하나님의 나라를 위해 자기 생애를 불태우는 사람들이다. 반드시 이루어질 그 나라를 위해 땅 끝까지 가서 피 묻은 생명의 복음을 전파하는 사람들, 영원을 위해 자기 삶을 헌신하는 사람들…. 우리는 이런 사람들을 복음의 일꾼, 하나님의 일꾼이라 부른다. 목사가 되고 선교사가 되어야만 하나님 나라의 일꾼이 되는 것이 아니다. 개인의 삶과 인격과 가정과 직장과 학교에서, 정치·경제·문화·예술 등 모든 삶의 영역에서 하나님의 왕권이 이루어지도록 하나님의 통치 앞에 순복하며 사는 이들이 하나님의 일꾼이다.

나는 너희 하나님이 되고 너희는 나의 백성이 되리라

창세기에서 요한계시록까지 성경이 말하는 주제를 한 문장으로 요약하면, "나는 너희의 하나님이 되고, 너희는 나의 백성이 되리라"이다. 이것이 성경 전체를 관통하는 언약의 주제이다. 요한계시록 21장 7절은 마지막으로 이 주제를 확정한다.

"이기는 자는 이것들을 상속으로 받으리라 나는 그의 하나님이 되고 그는 내 아들이 되리라."

구약에서 언약은 '하나님과 백성'의 관계다. 그러나 신약에서는 '아버지와 아들'의 관계로 표현이 바뀌었다. 여기서 아들은 상속자라는 뜻이다. 게다가 '아버지' 정도가 아니라 '아빠 아버지'라고 부른다. 아버지라 부르는 자식은 독립적인 의지를 지니고 자신의 인생에 대해 책임을 갖고 자율적으로 살 만큼 장성했다는 뜻이다.
그러나 '아빠'라고 부를 때는 아직 아이여서 스스로 하지 못하고, 전적으로 아버지께 의지해야 하는 어린 나이임을 뜻한다. 그럴 때는 아버지가 돌보고 책임져 주신다. 우리가 하나님을 향해 '아빠'라고 한다면, 우리가 할 수 있는 게 아니라 아버지께서 나를 돌보시고 공급해 주시고 함께해 주실 것을 믿고 맡기는 것이다.

이전에 우리는 하나님을 하나님이라고 부를 수조차 없던 죄인이었다. 하지만 하나님이 우리에게 찾아오심으로써 우리의 죄를 예수님에게 전가해 예수님을 십자가에서 죽게하시고 그 예수님을 부활케 하심으로써, 우리를 '아빠'라고 부를 수 있는 아들로 삼아 주셨다. 하나님의 아들로서 하나님을 나의 아버지로 즐거워하고 기뻐하며, 하나님을 누리는 삶이 바로 하나님 나라 백성의 삶이다.

이처럼 우리는 이 땅에 두 발을 딛고 살지만, 하늘에 속한 자들이다. 우리는 육신을 입고 살지만, 영으로 살아가야 할 하나님의 영광스런 백성이며 하나님의 영광스런 아들들이다.

우리의 당당함이 여기에 있다. 이 땅의 가인의 문화에서는 돈과 실력과 힘이 당당함이다. 그런데 우리의 당당함은 하나님의 권세와 권능이고 하나님의 통치와 주권이다. 우리가 하나님의 아들이라는 것이 우리의 당당함이자 소망이다. 그 나라는 반드시 오실 것이기에, 지금 걷는 인생의 길이 고난의 길이라 할지라도 우리는 믿음으로 그 길을 걷는 하나님의 자녀이어야 한다.

내가 선 곳,
거룩한 땅

너희는 이 세대를 본받지 말고
오직 마음을 새롭게 함으로 변화를 받아
하나님의 선하시고 기뻐하시고 온전하신 뜻이
무엇인지 분별하도록 하라

2
PART

가인의 문화에서
하나님 백성으로
살아가기

내가 선 곳
거룩한 땅

3

죄 많은 세상에서 그리스도인으로 사는 법

하나님을 아는 지식

"내가 만약에 기독교 가정에 태어나지 않았다면, 어릴 때부터 주일학교를 다니며 세뇌당하지 않았다면 과연 정말 하나님을 믿었을까? 내 친구는 불교를 믿는 집안에 태어났으니까 절에 다닐 수밖에 없는 것처럼 나도 기독교 가정에 태어났으니까 기독교인이 된 것이 아닌가?"

이런 의심과 함께 기독교와 성경에 대해 갖가지 의문이 생겨났다. 사춘기를 지나며 학교에서 인문과학과 자연과학적 지식이 더 많아질수록 성경에 대한 의문은 더해 갔다.

하나님은 어떻게 존재하시게 되었을까? 왜 선악과를 만드셨을까? 등등 풀리지 않은 의문을 안은 채, 대학에서 기독교에 대해 부정적이고 비판적인 교수의 영향을 받아 교회를 등지는 중고등부 때 친구들도 생겨났다.

세상에서 배우는 지식만큼 그 논리를 반박할 만한 성경에 대한 바른 지식이 없었기 때문이다.

그러나 나는 하나님의 존재를 거부할 만한 논리력도 부족했고, 무엇보다 내 안에 계신 하나님을 거부할 수가 없었다.

"아니야. 하나님은 없어. 내가 어릴 때부터 그렇게 교육받았기 때문에 세뇌당한 거야. 없어, 없어!"

하지만 내 안에 계신 하나님을 내 머리와 마음에서 도무지 제거할 수 없었다. 기독교 신앙은 내 쪽에서 먼저 시작한 것이 아니다. 살아계신 하나님이 먼저 의지를 가지고 내 안에 들어오셨고 나를 장악하고 계신다면, 내 힘과 내 논리로 그분을 제거할 수는 없다는 생각이 들었다.

우리를 사랑하고 구원하시는 그분의 의지가 강력하고, 더 큰 열심이 우리를 붙들고 있기 때문에 우리는 하나님을 결코 저버릴 수 없다.

하나님의 존재를 자신 안에서 제거해 보라. 가능한가? 우리 안에 있는 하나님의 존재는 그분 쪽에서 먼저 우리 안에 들어와 주신 사랑이요, 은혜다. 값없는 선물이다.

그리고 내 안에 계신 성령은 말씀을 통해 하나님을 더 깊이 알아가게 하시며, 하나님을 아는 지식만큼 우리 삶을 성숙의 장으로 이끌어 가신다.

하나님의 시간표

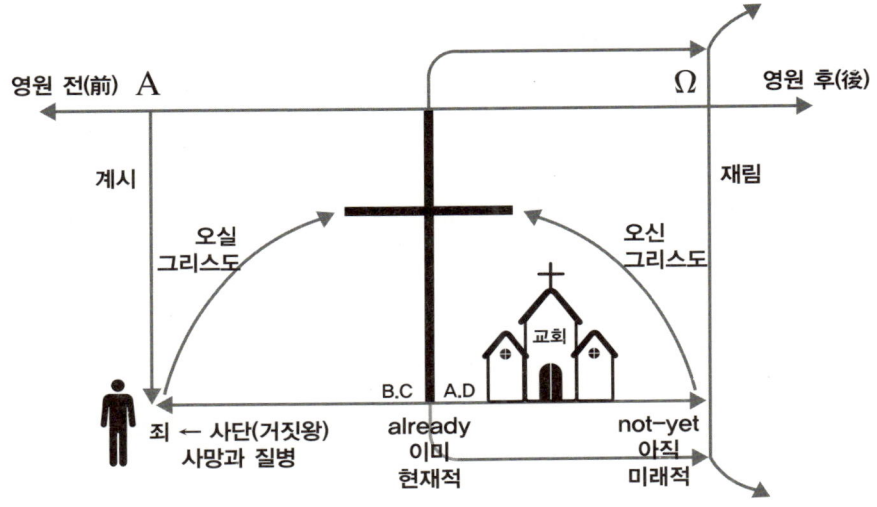

요한계시록 1장 8절은 하나님이 알파와 오메가요, 처음과 나중이라고 한다. 헬라적 사고로 인간 역사의 시작은 알파다. 인간 역사의 마지막은 오메가다. 하나님은 언제부터 존재하신 걸까? 하나님의 영원성에서 알파 이전의 영원 전(前)과 오메가 이후의 영원 후(後)에는 무엇이 있을까?

그런데 시간과 공간의 시작점이라고 할 수 있는 태초에 하나님께서 천지를 창조하셨다. 처음과 나중이라는 말은 하나님이 시간의 주권자라는 뜻이다. 시간의 주권자 되시는 하나님은 자신을 "스스로 있는 자"라고 하셨다(출 3:14 참조).

그런데 어떻게 하나님은 스스로 존재할 수 있을까? 어릴 때 주일학교를 다니면서 이것에 대해 자주 질문했다. 돌아온 대답은 그냥 믿으라는 것이었다. 왜 이렇게 대답했을까? 인간 인식의 한계 때문이다. 하나님의 영원성은 인간의 인식 속에 다 담을 수가 없다.

사람이 볼 수 있는 색은 빨주노초파남보와 같은 가시광선 안에 담긴 색뿐이다. 물론 빨간색부터 보라색까지 천 가지 이상의 색을 구분해 사물을 본다. 하지만 빨간색 너머의 적외선을 맨눈으로 볼 수 있는가? 보라색 너머 자외선은? 안 보인다. 사람은 가시광선만 볼 수 있도록 만들어진 존재이기 때문이다. 그것이 사람이 가진 시각의 한계다.

또한 사람은 20Hz에서 20만Hz 사이의 소리만 들을 수 있다. 카펫 위에 바늘 떨어지는 소리처럼 작은 소리는 못 듣는다. 분명 소리는 있지만 듣지 못한다. 지구는 공전과 자전을 하면서 엄청난 굉음을 낸다. 그런데 우리는 그 소리를 못 듣는다. 2만Hz가 넘는 소리라서 그렇다. 이것이 인간이 가진 청각의 한계다.

이렇게 틀림없이 존재하지만, 인간의 한계 때문에 보지 못하고 듣지 못하는 것이 있다. 인간의 이성을 깨운 계몽주의의 대표적 철학자 임마누엘 칸트는 인간이 모든 것을 다 인식할 수 없는 인식의 한계를 이야기했다. 칸트는 신의 영역은 신앙의 눈을 통해서만 알 수 있다고 말한다.

신의 영역은 신앙의 눈을 통해서만 알 수 있지, 인간의 이성으로 전부 다 알 수 없다. 그러므로 하나님께서 정말 살아 계신지 과학적으로 검증해야 믿겠다는 말은 논리적으로 틀린 말이다. 인간의 인식 밖에 있는 초월적 존재를 인간의 인식에 맞게 설명하라니 얼마나 억지스러운가? 사람의 이성으로, 과학과 논리로 하나님을 설명할 수 없다고 해서 기독교를 비과학적이거나 비논리적이라 하는 건 무식한 말이다. 기독교는 인간의 논리와 과학을 넘어선 초과학적, 초논리적 신앙이다.

하나님께서 감추어진 당신의 존재를 나타내 보이시는 것을 '계시'라고 한다. 계시에는 특별계시와 일반계시가 있다. 하나님이 언제 어떻게 존재하셨는지는 알 수 없지만, 특별계시인 성경을 통해 우리는 하나님을 인식할 수 있다. 성경 66권을 통해서 계시하지 않은 부분을 우리가 다 인식할 수 없다.

물론 하나님은 초자연적인 방법으로 하나님을 나타내기도 하신다. 그런데 초자연적인 계시는 성경 안에서 검증하고 검토해야 한다. 그렇지 않으면 잘못된 현상을 좇을 수 있다. 예를 들어 하나님을 만나기를 간절히 바라고 기도하고 있었는데, 어느 날 꿈에 흰 두루마기를 입고, 흰 머리털에, 흰 수염에, 흰 광채가 나는 얼굴에, 요상한 지팡이를 든 분이 나왔다. 그분이 산신령인지 하나님인지 어떻게 구분할까? 단지 내가 하나님을 보고 싶다고 간절히 구했고, 그 구하는 와중에 겉보기에 신령해 보이는 분이 나타나 그분을 하나님이라고 믿었다고 하자. 그런데 나타난 것이 산신령이었다면 얼마나 잘못된 믿음인가.

우리가 현상적으로 하나님을 경험하려고 할 때, 사단이 우리를 미혹할 수 있다. 사단은 광명의 천사로도 나타날 수 있다. 그래서 하나님을 현상적으로 경험하고자 하는 바람은 굉장히 위험하다. 성경의 하나님은 그렇게 자신을 드러내시는 분이 아니다. 우리가 말씀을 통해 믿는 하나님을 놓치면 자꾸 현상만 좇게 된다. 물론 현상이나 기적이 필요할 수도 있고 신앙에 도움을 주기도 한다.

기적이나 현상은 우리의 신앙을 더 뜨겁게 해 줄 것처럼 보이지만 그렇지 않다. 오히려 하나님께서는 말씀을 통해 우리를 인격적으로 성장시키기를 더 원하신다. 그러므로 성경 말씀을 통해 하나님을 알아 가려는 신앙이 더 바른 자세이다.

특별계시인 성경 66권 말씀 이외에 일반계시로 하나님께서 천지 만물을 창조하셨다. 하나님은 천지 만물과 인간을 창조하시면서 자신의 신성과 능력을 드러내셨다. 로마서 1장 20절은 "창세로부터 그의 보이지 아니하는 것들 곧 그의 영원하신 능력과 신성이 그가 만드신 만물에 분명히 보여 알려졌나니 그러므로 그들이 핑계하지 못할지니라"고 말씀하셨다.

하지만 사람이 "하나님을 알되 하나님을 영화롭게도 아니하며 감사하지도 아니하고 오히려 그 생각이 허망하여지며 미련한 마음이 어두워졌나니 스스로 지혜 있다 하나 어리석게 되어 썩어지지 아니하는 하나님의 영광을 썩어질 사람과 새와 짐승과 기어다니는 동물 모양의 우상으로 바꾸었느니라"고 하셨다.

인간이 자연 만물에 나타난 하나님의 영원하신 능력과 신성을 알지 못한 것이다. 하나님을 예배하지 아니하고, 오히려 하나님을 사람의 모습이나 짐승의 모습으로 썩어질 우상의 모습으로 바꾸어 버린 것이다.

일본의 첨단 과학 연구단지에서 목격한 일이다. 한국에서 돼지머리 놓고 고사 지내듯 신사에서 일하는 사람을 데려다가 제사하는 것을 보면서, 과학자들의 어리석은 맹신성을 보았다.

반면 예수를 믿지 않는 어떤 의사는 인간의 몸이 너무나도 신비로워서 도저히 우연히 만들어졌다고는 생각할 수 없고 반드시 조물주가 있다고 생각한다고 말하기도 한다. 우주의 법칙이 너무 신비해서 창조주의 존재를 인정할 수밖에 없다고 말하는 과학자들도 많다. 이처럼 하나님은 일반계시를 통해서도 자신의 존재를 알 수 있도록 당신을 계시하셨다.

피카소를 만나 본 적은 없지만, 그의 그림을 통해 그의 정신세계와 존재를 유추할 수 있듯이 하나님을 눈으로 직접 본 적은 없지만, 하나님께서 만드신 작품인 자연 만물을 통해 하나님의 존재를 알 수 있다. 그런데 인간이 죄로 말미암아 황폐해졌기에 자연을 통해서 하나님을 발견하지 못할 뿐이다.

그러나 성령께서 우리 안에 들어와 역사하실 때, 성경 말씀을 통해서나 자연을 통해 드러난 하나님을 더욱 잘 깨달아 알 수 있다. 우리의 영성이 맑아지면 맑아질수록 나뭇잎에 내려앉은 아침이슬을 통해서도 하나님의 숨결을 느끼고 하나님의 마음을 헤아릴 수 있다. 시인의 마음만이 아니라 우리의 영성도 하나님의 숨결을, 손길을 느낄 수 있다. 사람을 볼 때도 하나님께서 만드신 작품으로 그 사람 안에서 하나님의 형상, 즉 하나님을 발견할 수 있다.

왜 원죄가 내 탓이야?

죄가 무엇인지 정확하게 알기 위해서는 최초 인류가 저지른 원죄를 살펴봐야 한다. 창세기 3장 1절을 보자.

"뱀은 여호와 하나님이 지으신 들짐승 중에 가장 간교하니라."

뱀을 통해 여자에게 사단이 들어왔다. 그렇다면 뱀이 사단일까? 뱀은 사단이 아니다. 뱀은 간교한 성향을 가졌다. 우리가 간교하다는 말을 부정적으로 느낄 뿐 달리 생각하면 약고 똑똑하다는 의미이기도 하다. 그 성향 자체가 잘못된 것은 아니다. 다만 사단이 뱀의 약고 똑똑한 성향을 이용해 하와에게 접근했다. 하와에게 접근한 뱀이 어떻게 이야기하는지 보자.

"여자가 뱀에게 말하되 동산 나무의 열매를 우리가 먹을 수 있으나 동산 중앙에 있는 나무의 열매는 하나님의 말씀에 너희는 먹지도 말고 만지지도 말라 너희가 죽을까 하노라 하셨느니라"(창 2:2-3).

그랬더니 뱀이 여자를 다시 유혹한다.

"뱀이 여자에게 이르되 너희가 결코 죽지 아니하리라 너희가 그것을 먹는 날에는 너희 눈이 밝아져 하나님과 같이 되어 선악을 알 줄 하나님이 아심이니라"(창 2:4-5).

아담과 하와의 행동을 유일하게 제약하는 것이 선악과였다. 선악과 앞에만 서면, '창조주와 피조물', '명령자와 순종자'라는 하나님과 인간의 차이점이 확연히 드러났다.

그런데 지금 사단은 그 선악과를 따먹으면 네가 하나님처럼 될 수 있다고 한다. 행동의 제약을 받고 순종해야 할 자가 아니라 너 스스로 하나님이 될 수 있다는 것이다. 하와는 바로 이 생각에 넘어갔다. 특별한 과실을 더 먹고 싶다는 식욕이나 식탐의 죄가 아니라 하나님을 하나님으로 여기지 않고 자기가 하나님이 되려고 하는 것이 죄다.

아담은 하나님을 하나님으로 여기지 않고 말씀을 거역했다. 이것이 바로 아담과 하와가 저지른 죄다.

만약 어떤 자식이 어느 날 갑자기 아버지에게 "내가 너한테 왜 아버지라고 해야 하느냐?"고 한다면, 옆에 있던 어머니는 곧장 정신과 치료를 받으러 아들을 데리고 갈 것이다. 제정신이면서 부모를 인정하지 않는다면, 그만큼 큰 불효는 없다. 왕 앞에 신하들이 다 엎드려 있는데, 어떤 사람만이 "내가 너한테 왜 절을 해야 하느냐? 네가 나한테 절 해"라고 왕에게 큰 소리로 말하면, 그걸 반역이라고 한다.

이와 마찬가지로 하나님을 하나님으로 인정하지 않고 내가 하나님이 되겠다고 하는 것을, 내가 내 인생의 주인이 되겠다고 하는 것을 성경은 죄라고 일컫는다.

선악과를 따먹은 행위는 자신이 하나님이 되겠다는 걸 의미한다. 왜 예수님을 믿지 않는가? 자신이 하나님이기 때문이다. 인생의 결정권이 자신에게 있고, 자기 인생을 자기 것이라고 생각하기 때문이다.

이렇게 모든 사람이 하나님을 하나님으로 여기지 않은 죄의 대표가 바로 아담이고, 이것이 원죄다. 아담과 하와의 죄가 대를 이어 우리 피 속으로 죄를 전가한다는 의미가 아니다. 아담과 하와가 선악과를 따 먹은 것처럼 인간은 여전히 하나님을 하나님으로 여기지 않는 죄를 짓고 있다.

성경은 이렇게 자신이 하나님이 되어 불순종하는 것을 죄라고 한다. 그런데 모든 인간이 죄를 범했다. 하나님을 저버렸기에 의로운 인간이 하나도 없다. 반면 예수님은 하나님을 거역하지 않고 순종하는 하나님의 아들이셨다. 하나님의 아들이신 예수님은 우리 죄의 수치를 가리기 위해 속죄의 어린 양으로 이 땅에 오셨다.

"내가 너로 여자와 원수가 되게 하고 네 후손도 여자의 후손과 원수가 되게 하리니 여자의 후손은 네 머리를 상하게 할 것이요 너는 그의 발꿈치를 상하게 할 것이니라 하시고."

여자의 후손인 메시아, 예수님이 오셔서 사단의 머리를 짓이기고 승리하실 것을 창세기 3장 15절에 기록하셨다.

인간의 시간 속으로 들어오신 하나님

예수님은 성탄절에 태어나셔서 그때부터 존재하신 게 아니다. 창조 때에도 하나님과 함께 계셨다. 그렇게 하나님과 함께 계시다가 어느 순간 인간의 시간 속으로 들어오셨다.

예수님은 이 땅의 시간으로 들어오시면서, "때가 찼고 하나님의 나라가 가까이 왔으니 회개하고 복음을 믿으라"(막 1:15)고 선포하셨다. 하나님의 나라가, 즉 그분의 왕권이 발동되어 그분의 다스림을 받는 새로운 질서가 이 땅에 도래했다는 것이다.

그런데 문제가 하나 있었다. 인간은 죄를 짓고 사단의 지배 아래 있었다. 예수님은 바로 이 죄의 문제를 해결하기 위해 오셨다. 하나님 나라가 이 땅에 도래하기 위해 예수께서 이 땅에 꼭 이루셔야 할 사역이었다.

십자가가 바로 그 방법이었다. 죄는 대가를 지불해야 했다. 예수님은 우리가 받아야 할 저주와 형벌을 십자가 위에서 대신 죽으심으로 치르셨다. 예수님은 십자가에서 죽으신 후 부활하셔서 하나님의 시간 속으로 승천하셨다.

승천은 대기권의 어디쯤, 혹은 명왕성 너머 우주의 어딘가로 공간적 이동을 하셨다는 말이 아니라. 지금, 하나님의 주권, 통치, 다스림의 보좌 우편에 앉았음을 의미한다.

성탄절이 되면 세상은 예수님을 단지 평화만을 상징하는 아기 예수로 전락시키고 산타클로스를 주인공으로 부각시킨다. 예수님은 단순한 귀여운 아기 예수, 평화의 상징이 아니다. 그분은 통치자이고, 왕이시다. 인간의 몸을 입고 이 땅에 오신 창조주이시다.

예수께서 이 땅에 오실 때, 거룩하신 하나님으로 오기 위해 한 여자의 자궁을 사용하셨다. 마리아의 자궁에 착상되는 일은 성령을 통해 하셨다. 이것은 초자연적인 사건이다. 천지창조가 초자연적인 것이라면, 한 여자의 뱃속에 성령으로 잉태되는 일은 창조주로서 쉬운 일이다.

예수님은 마리아의 뱃속에서 몇 개월을 계셨을까? 태어날 때 울음을 터뜨리셨을까? 내가 이런 질문을 하는 까닭은 예수께서 우리와 똑같은 인간이셨다는 것이다. 예수님의 50%는 신성을 갖고 50%는 인성을 가지셨던 분이 아니라, 100% 하나님이셨던 예수님이 100% 우리와 똑같은 인간으로 이 땅에 오셨다는 사실이다. 예수님이 우리와 100% 똑같은 인간이셨다는 사실은 전적으로 우리 대신 죄를 짊어질 온전한 자격을 갖추시고 이 땅에 오셨다는 뜻이다.

새로운 질서

우리의 죄를 대신해 십자가에서 죽으시고 부활하신 후, 승귀하신 예수님이 하나님의 보좌 우편에서 이 땅을 다스리시다가 다시 이 땅으로 오시는 것을 '재림'이라고 한다.

처음에는 예수님이 '구원자'로서 이 땅에 오셨다면, 다음에는 서

상을 심판하는 '심판주'로 오신다. 다시 오실 때 인간의 역사가 끝이 난다. 이것을 종말이라고 한다. 우리는 말세를 이야기할 때, 시간적인 마지막만을 이야기한다. 하지만 기독교의 종말은 정확하게는 시간의 마지막만이 아니다. 내가 구원받은 이후부터 세상과 단절되어 하나님의 영을 좇아 산다는 영적인 의미도 포함한다.

종말론적 삶이란, 이 땅에 속한 자가 아니라 세상에 대해서는 죽고 하늘에 속한 자로서 예수님이 언제 오실지 모르니 조바심을 내거나, 반대로 긴장감을 늦추는 삶이 아닌 소망을 가지고 깨어 있는 상태로 기다리는 삶이다.

그러다가 예수께서 이 땅에 재림하시면 구약 시대는 오실 예수님을 믿었던 사람, 신약에서는 오신 예수님을 믿었던 사람, 이렇게 믿음을 가졌던 사람들을 전부 데리고 하나님의 영원한 시간 속으로 들어가신다. 영원한 시간은 완전히 새로운 차원이다. 새로운 차원에 들어가서 완성되는 나라, 이 나라를 "새 하늘과 새 땅", '예수님의 재림을 통해 이루어지는 나라'라고 한다.

예수님은 부활하신 후, 제자들이 문을 걸어 잠근 집에 쑥 밀고 들어오셔서 "평안이 있을지어다"라고 말씀하셨다. 그리고 사라지기도 하시고, "너희들 가운데 먹을 것이 있느냐" 묻고 또 먹기도 하셨다. 그 모습은 지금 우리가 경험하는 3차원적인 삶이 아니다. 3차원을 뛰어넘는 모습이다.

분명 미래적 하나님의 나라에서는 새로운 차원의 세계가 펼쳐질 것이다. 그곳에는 하나님의 영광과 그분의 능력과 지혜와 권세와 그분의 부요하심 등 하나님의 모든 것을 누리는 곳이다. 죄가 없기에 눈물이나 사망이나 아픔이나 곡하는 것이 다시는 없다. 완성된 하나님 나라이다.

지금 하나님의 나라가 도래했다는 의미는 새로운 질서자가 왔다는 말이다. 예를 들면, 어떤 회사에 굉장히 무섭고 강압적인 보스가 있었다. 직원들은 항상 눌려 있었고 착취를 당하면서 직장 생활을 했다. 어느 날, 이 보스가 가고 새로운 보스가 왔다. 새로운 보스는 굉장히 인자하고 자상하면서 사랑이 넘쳤다. 이제 직원들은 인격적인 보스와의 새로운 관계를 맺는 새로운 질서가 열렸다.

칠흑같이 어두웠던 땅에 태양이 떠오르면 어둠이 싹 걷히는 것처럼, 우리를 억압하고 있던 어둠의 세력이 지나가고 새로운 통치자요, 새로운 질서요, 왕이신 예수님이 이 땅에 오셨다.

자, 새로운 질서의 왕이신 예수님 앞에서 어떤 일이 일어났는가?

어둠과 사단으로 말미암아 고통 가운데 있었던 시각 장애인에게 "눈을 떠라", 하반신 장애인을 향해 "일어나라"고 하시니 눈이 떠지고 일어나 걷게 되었다. 한센병 환자를 향해 "깨끗해지라"고 하시니 깨끗해지고, 심지어 죽은 자를 향해 "살아나라"고 하시니 살아난다. 인간의 죄로 말미암아 억압받던 질병이 새로운 통치로 인해 억압에서 풀린 것이다.

"더러운 귀신아, 나가!"라고 명하자, 귀신도 예수님의 새로운 통치 앞에 승복하면서 떠나갔다. 예수님이 갈릴리 호수 가운데 배를 타고 가실 때 풍랑이 일어 제자들이 벌벌 떨자, "바다야 잔잔하라!"

명령하시니 자연도 잠잠해졌다. 새로운 질서의 주권자가 나타나자, 그 명령에 순종하는 것이다. 그것이 마태복음, 마가복음, 누가복음, 요한복음, 이 사복음서에 나오는 예수님의 기적 사건들이다.

예수님이 단순히 기적을 일으키신 것이 아니다. 메시아로서, 새로운 통치자로서 오셔서 새로운 질서를 세우신다는 것을 보여 주는 것이다. 그리고 예수님은 종교적 기득권을 가지고 외면적이고 형식적인 율법의 틀을 강요하거나 정치적 기득권으로 억압하고 착취하는 기존 질서를 향해 하나님 나라의 사랑과 섬김의 덕목을 가르치셨다. 이렇게 하나님 나라는 이미 우리 가운데 시작되었다.

그러나 예수 그리스도의 재림을 통해 이루어질 그 나라는 아직은 아니다. '아직은 아닌' 미래적 하나님의 나라를 기다려야 한다. 즉, 그리스도인들은 이미 하나님의 나라가 이루어졌다고 하는 점에서는 신분상 하나님의 자녀 의인이 되었지만, 아직 완성되지 않은 하나님 나라에서는 상태적인 면에서, 죄인의 모습을 함께 지니며 살아간다.

가인의 문화, 자기 힘으로 살아가야 하는 세상

아담과 하와 사이에 가인과 아벨이 태어났다. 가인과 아벨이 하나님 앞에 제사를 드릴 때, 하나님은 가인의 제사는 받지 않고 아벨의 제사는 받았다. 그로 인해 가인이 자기 동생을 죽이기에 이른다.

그래서 가인은 하나님으로부터 쫓겨나는 저주를 받았다. 가인이 쫓겨나면서 외치는 말이 창세기 4장 13-14절에 기록되어 있다.

"가인이 여호와께 아뢰되 내 죄벌이 지기가 너무 무거우니이다 주께서 오늘 이 지면에서 나를 쫓아내시온즉 내가 주의 낯을 뵈옵지 못하리니 내가 땅에서 피하며 유리하는 자가 될지라 무릇 나를 만나는 자마다 나를 죽이겠나이다."

15절에서 하나님은 가인에게 말씀하셨다.

"여호와께서 그에게 이르시되 그렇지 아니하다 가인을 죽이는 자는 벌을 칠 배나 받으리라 하시고 가인에게 표를 주사 그를 만나는 모든 사람에게서 죽임을 면하게 하시니라."

가인이 아벨을 죽인 이후, 주변에는 아담과 하와 그리고 자기뿐인데, 가인은 누군가 자기를 죽일까 봐 두려워한다. 당시 다른 사람이 누가 있었을까? 우리는 성경이 당시 일어난 모든 사건을 세부적으로 다 기록했다고 오해한다. 하지만 성경은 하나님께서 구원의 역사를 설명하시려고 이스라엘 땅에 일어난 사건들 가운데 필요한 것만 발췌한 기록이다.

성경은 아담과 하와가 낳은 딸들의 이름과 그 이후 낳은 아들들의 이름은 기록하지 않았다. 가인이 쫓겨나면서 다른 사람이 자신을 죽일지도 모른다고 염려한 것은 그들을 염두에 둔 기록이다. 이제부터 가인은 하나님의 돌보심과 공급하심을 더는 경험할 수 없기에 철저하게 자신의 힘으로 살아가야 했다.

그날 밤 가인은 낯선 땅에서 누가 자신을 공격할지도 모른다는 두려움에 사로잡혔을지 모른다. 아마 긴장 속에서 잠들었을 것이다. 먹고 살기 위해 무엇이든 자신이 노력해야 한다는 부담감도 있었다. "하나님께서 아무도 나를 죽이지 못하게 표를 주셨지만, 혹시라도 죽일 수 있지 않을까?" 하는 의심과 걱정에 잠을 이루지 못했을지도 모른다. 아침에 일어나면 먹을거리를 스스로 찾아야 했다.

가인의 문화는 이렇게 철저하게 자기 힘으로 살아가야 하는 사람들이 형성한 문화이다. 자기 힘으로 자기 인생의 먹고 사는 문제를 해결하고 자신의 안전을 도모해야 하는 사람들이었다.

창세기 4장 16-22절에 기록된 가인의 후손을 살펴보자.

"가인이 여호와 앞을 떠나서 에덴 동쪽 놋 땅에 거주하더니 아내와 동침하매 그가 임신하여 에녹을 낳은지라 가인이 성을 쌓고 그의 아들의 이름으로 성을 이름하여 에녹이라 하니라 에녹이 이랏을 낳고 이랏은 므후야엘을 낳고 므후야엘은 므드사엘을 낳고 므드사엘은 라멕을 낳았더라 라멕이 두 아내를 맞이하였으니 하나의 이름은 아다요 하나의 이름은 씰라였더라 아다는 야발을 낳았으니 그는 장막에 거주하며 가축을 치는 자의 조상이 되었고 그의 아우의 이름은 유발이니 그는 수금과 통소를 잡는 모든 자의 조상이 되었으며 씰라는 두발가인을 낳았으니 그는 구리와 쇠로 여러 가지 기구를 만드는 자요 두발가인의 누이는 나아마였더라."

20절에서 알 수 있듯이, 유목 생활하는 자의 조상이 가인의 자녀들에게서 나왔다. 그다음 21절을 보면, 음악과 예술이 가인의 자손들에게서 나왔음을 알 수 있다. 그 밖에도 씰라는 두발가인을 낳았는데, 그는 철기 문명을 시작했다.

우리가 아는 역사 연대표로 본다면, 가인이 위치한 시대는 구석기와 신석기일지 모른다. 청동기와 철기 문명은 가인의 후손에게서 나왔다. 가인의 자손들은 철저하게 강한 힘을 추구하며 자기 힘으로 자기 인생을 살아가야 했다.

가인의 문화가 어떻게 형성되었는지 좀 더 자세히 생각해 보자. 인간이 죄를 범하자 땅도 저주를 받아 엉겅퀴와 가시덩굴을 내었다. 인간은 수고하고 땀을 흘려야 소산을 취할 수 있었다. 땅이 저주받아 먹고살 소산은 한정적이었는데 먹고살아야 할 사람은 많았다. 공급은 적은데 수요자가 많으니 힘이 있는 사람만 자원을 확보할 수 있었다.

그래서 가인의 문화는 철저하게 힘을 추구했다. 주먹을 불끈 쥐고 힘을 키웠다. 누가 싸움을 걸면 반드시 이겨야 했고, 지킬 수 없으면 더 힘센 놈에게 빼앗겼다. 강한 자가 약한 자를 잡아먹는 약육강식 환경에 적응하면 살아남고, 적응 못하면 도태되는 적자생존의 세계였다.

처음에는 돌로 시작된 싸움이었는데, 점점 더 강한 무기를 만들게 되었다. 화살과 칼을 사용했다. 처음에는 육체적인 힘을 추구했지만, 갈수록 더 강한 힘이 필요했다. 힘이 없는 사람들은 힘 있는 사람 밑에 가서 굽신거려야 먹고살 수 있었다. 하나님의 공급하심과 돌보심을 받지 못하던 그들로서는 자기 인생을 책임져 줄 힘을 스스로 찾아야 했다.

자기가 자기를 무장시켜 지키는 일이 피곤해진 인간들이 국가를 만든다. 몰래 뒤에 와서 칼로 찌른다든지, 다른 사람 것을 빼앗기 위해 어둠 속에서 죽인다든지 하는 일들을 막기 위해 국가 공권력에 자신의 힘을 위임하고 무장 해제를 시작했다. 그리고 제한된 양식을 나누어 가지려고 상거래를 했다.

점차 돈이 힘이 되었다. 화살과 칼을 버리고 무장을 해제했지만, 돈으로 또 다른 자기 무장을 해야 했다. 무기 대신 돈이 힘이 되었다. 그렇다면 돈을 어떻게 마련하는가? 권력을 가지거나 지식을 가져야 했다. 요즘 식으로 말하면 지식을 추구하다 보니 좋은 대학을 나와야 하고, 탁월한 정보가 필요했다. 내가 힘이 되는 것을 갖추어야 내 생존과 미래를 지켜 주었다.

이렇듯 가인의 문화는 철저한 힘의 논리로 살아간다. 그 힘의 논리에서 어떻게 자신을 무장할 것이냐가 주된 관심사다. 과거에는 주먹이고, 칼이었지만 지금은 권력, 지식, 기술을 획득해 돈을 거머쥐어야만 하는 철저한 생존 경쟁의 문화이다.

요즘은 먹을 수 있는 자원이 가인의 때보다 더 줄어들었다. 경쟁에서 이기기 위해 더욱 자기 강화가 심해졌다. 더욱이 자신만 지키는 것이 아니라 가족을 지켜야 한다. 부모들이 왜 자식을 좋은 대학을 보내지 못해 안달하는가? 사랑이라는 미명 아래, 부모는 자기 자녀를 힘으로 무장시켜 줘야 낙오자가 되지 않고 이 세상에서 살아남을 수 있다고 믿는다. 그래서 늘 입버릇처럼 말한다.

"너 잘되라고 그러는 거야. 공부해."

좋은 학벌도 갖춰 주어야 하고, 외국어 실력도 갖춰 주어야 하고 외모까지 무장시켜 주어야 한다. 가인의 문화에서 살아갈 힘을 만들어 주기 위해 온갖 애를 쓴다. 그게 사랑이라고 믿는다.

옛날에는 음악이나 운동을 하면 부모님은 "돈도 되지 않는 딴따라가 될 거냐?" 하며 걱정하셨다. "이놈아, 공부 안 하고 무슨 기타냐, 드럼이냐?" 하며 자식들을 잡았다. 그런데 요즘은 연예인들이 돈을 많이 벌게 되자 대여섯살 난 여자애들에게 춤을 가르친다. 어떤 운동선수의 연봉은 웬만한 중소기업의 1년치 매출과 맞먹는 세상이 되었다.

가인의 문화 안에 있는 하나님의 나라

가인의 문화 반대편에는 셋의 문화가 있다.

"셋도 아들을 낳고 그의 이름을 에노스라 하였으며 그 때에 사람들이 비로소 여호와의 이름을 불렀더라"(창 4:26).

하나님을 예배하는 셋의 문화에서는 여전히 하나님이 공급자이셨다. 하나님이 우리의 인생을 책임지고 보장해 주셨다.

성경의 복은 하나님의 창조 섭리에 따라 살 수 있는 삶의 에너지를 말한다. 성경에서 말하는 복은 하나님의 피조물로서 삶을 영위해 갈 수 있는 에너지와 모든 활동이다.

아침에 잠에서 깨면 "와, 아름답다!" 하면서 하루의 생명을 주셨음에 감격하고, 주어진 환경에 감사하고, 삶의 아름다움에 감탄하면서, 일하고 관계를 맺는 삶의 모든 활동이 복이다.

동양의 오복 개념으로 성경의 복을 이해하면 안된다. 그것은 마치 빨간 색안경을 끼고 사물을 바라보는 것과 같다. 빨간 색안경을 끼고보면 모든 것이 빨갛게 보이는 것처럼 이미 성경 밖에서 형성된 단어의 개념으로 성경을 보면 그 뜻을 오해하게 된다. 따라서 밖에서 형성된 세상의 가치관을 벗고 기독교적인 세계관의 안경을 다시 써야 한다.

세상의 복은 내가 잘되는 것이다. 나를 강화시키고 무장시키는 게 복의 개념이다. 그런데 성경의 복은 나를 강화시키는 게 아니라 내가 숨을 쉬고 활동하는 자체가 복이라고 한다. 그리고 그 안에서 이루어지는 모든 것들이 다 복이다.

공항에 가면 무빙 워크가 있다. 가만히 서 있어도 앞으로 쭉 간다. 성경의 복은 우리가 그 무빙 워크에 올라탄 것과 같다. 가만히 있어도 가고, 걸어가도 가고, 그 위에서 전화를 걸고 다른 활동을 해도 간다. 또 우리가 기차를 탔을 때, 기차 안에서 어떤 활동을 하더라도 기차는 목적지를 향해 달린다.

마찬가지로 하나님께서 우리를 창조한 그 순간, 우리는 이미 하나님의 축복 안에 올라탄 것이다. 그 안에서 자도 축복이고, 머리가 띵해도 축복이고 뭘 해도 축복이다. 그리스도 안에 있는 것 자체가 이미 모든 축복을 받은 삶이다.

예수님이나 제자들을 생각해 보자. 그들이 누린 것은 세상의 축복이 아니었다. 가난하고 이름 없는 삶이었지만, 예수로만 사는 그 삶 자체가 바로 축복이었다.

그런데 이 세상 가치관에 물들어 하나님 밖에서 사는 사람들은 자신의 이기적 욕심을 충족시킬 고민만 한다. 이미 받은 건 잊고, 무언가 더 있어야 한다고 생각한다. 더 오래 살고, 더 많이 가지고, 더 높아지고 싶다. 그래야만 미래를 보장받을 수 있다고 여긴다.

하나님께서는 우리 인생의 보장과 안정감을 하나님께 두고 살라고 말씀하신다. 돈은 우리가 사용할 도구이지, 내가 의지해야 할 힘이 아니다. 그런데 돈은 참 매력적이다. 강한 힘이 있다. 성경은 돈을 맘몬이라 말하며, 하나님과 재물을 겸하여 섬길 수 없다고 이야기한다.

그리스도인들이 예수를 믿으면서도 돈에 얼마나 매여 있는지 모른다. 너무 쉽게 속는다. 돈이 주는 미래에 대한 안정과 보장 속에 살기 원한다. 그리스도인이 하나님으로 안정감을 느껴야 되는데 돈이 가져다주는 매력과 안정감에 속른다. 그래서 하나님은 이스라엘 백성에게 '내가 너희를 축복하는 자'라고 거듭 가르치셨다. 오늘날 우리 삶을 통해서도 계속 그렇게 하신다.

가인의 문화에서는 먹고 살기 위해 노동한다. 반면 셋의 문화는 하나님의 대리자로서 만물의 질서를 바로 세우고 사람들을 섬기기 위해 노동한다. 먹고 사는 것과 생명과 안정은 하나님이 책임져 주시는 문제였다.

오래전 이야기다. 어느 교회 대학부에서 집회를 했다. 한 자매가 설교를 듣다 말고 울면서 나가더니 들어오질 않았다. 그 자매가 계속 울기만 한다며 다른 리더들이 나에게 찾아와 한 번 만나 달라고 청했다. 나는 영적인 문제로 괴로워서 우는 줄 알았다. 그런데 만나서 이야기를 듣다 보니 전혀 다른 문제였다.

자매는 손꼽히는 명문대학에 수석 입학해서 장학금까지 받고 다니는 재원이었다. 그런데 남자친구가 좀 급이 낮은 대학에 다닌다고 "너는 자존심도 없냐"고 하며 어머니가 헤어지라고 했다는 것이다. 자매는 그 친구를 정말 사랑했지만, 결국 어머니 때문에 헤어지고 말았다. 그 때문에 마음이 아파 계속 울고 있었다. 그 이야기를 듣고 순간 화가 나서 진심은 아니었지만 한마디 했다. "야, 너 가출해라."

자매의 엄마는 명문대학을 다니는 딸의 상대도 명문대학에 다녀야 한다는 바람이 강했다. 엄마라면 딸이 돈 있고 능력 있는 남자와 결혼해 행복을 보장받았으면 하는 바람을 가질 수 있다. 그러나 그것은 그리스도인의 가치관이 아니다. 가인의 문화에서 형성된 가치관일 뿐이다.

이렇듯 힘의 논리를 추구하는 가인의 문화 속에서 그리스도인들은 유혹을 받을 수밖에 없다. 힘을 가지라고 한다. 교회에서만 큰소리치고 왜 빌빌거리며 사냐고 한다. 열심히 공부해서 높은 지위를 가지라고 말한다. 사회에 영향력을 미칠 힘을 기르라고 말한다. 얼른 듣기에는 굉장히 좋은 말이다. 하지만 그것은 세상의 가치관 속에서 자기를 강화하라는 말이다.

물론 우리가 삶에 강한 동기 부여를 주고 최선을 다해 살아가기 위해, 이웃을 더 많이 섬기기 위해 영향력을 추구한다면 긍정적으로도 받아들일 수 있지 않느냐고 말할 수 있다. 그리스도인이 세상에서 높은 위치를 갖고 힘을 많이 가지면 하나님께 영광이 되는 것 아니냐고 말이다.

하지만 아니다. 한국 사회를 보라. 높은 위치에 얼마나 많은 그리스도인들이 있는가! 세상이 말하는 큰 성공을 거두어서 큰 회사 CEO, 재벌, 대통령까지 되었지만, 기독교는 길가에 버려진 소금 신세가 되었다.

허울뿐인 고지 점령론

오늘날 가인의 문화는 젊은이들에게 꿈을 가지라고 말한다. 요셉에 관한 성경 말씀을 인용하지 않고 청년에게 야망을 품으라고 당부한다면 긍정적일 수 있다. 그러나 요셉의 꿈 이야기를 거기에 붙이는 건 잘못이다. 요셉이 꿈을 가졌다면, 그 꿈은 하나님의 약속과 임재가 머무르는 가나안 땅이 그의 꿈이었다.

마찬가지다. 오늘날 그리스도인이 꿈꾸어야 할 나라는 하나님 나라다. 왜 교회마저 세속적인 가인의 가치관으로 그리스도인에게 꿈을 꾸라고 말하는가? 높은 위치를 점령하고, 요셉처럼 총리가 되라고 말하는가? 총리는 단 한 사람만 될 수 있다. 만약 총리가 되려고 하면, 우리끼리 치고받고 경쟁해야 한다.

이처럼 가인의 문화는 자기가 살기 위해 타인을 짓밟으며 수단과 방법을 가리지 않고 올라간다. 그렇게 올라가야만 힘을 가질 수 있기 때문이다.

하지만 그리스도인은 다르다. 우리는 주어진 삶을 열심히 살아가면서 하나님의 나라를 이루어 간다. 각자의 삶에서 어떻게 하나님의 뜻을 이루며 살아갈지 고민하며 실천하는 것이 그리스도인이다. 만약 세상 속에서 영향력을 갖게 되었다 할지라도 미래의 영광스러운 하나님의 나라를 꿈꾸며 살아가야 한다.

그리스도인은 가인의 문화에서 높은 위치를 갖고 돈을 많이 가지고 사람들한테 인심 쓰듯 살아가는 비전과 꿈을 갖는 사람들이 아니다. 세상에서 꾸는 우리의 꿈은 이기적 욕심일 뿐이다. 그리스도인에게 비전은 하나님의 마음이다. 하나님께서 오늘 이 땅을 내려다보시며 이루고자 하시는 계획과 목적을 나의 계획과 목적으로 삼고 나의 마음을 하나님의 마음에 맞춰 가는 것이다.

하늘에서 하나님의 뜻이 이루어지듯, 이 땅에서 하나님의 뜻이 이루어지도록 하나님의 마음에 순종하는 삶이 우리의 꿈이고 비전이다. 우리가 꿈꾸어야 할 세계는 하나님의 임재와 하나님의 약속이 성취될 하나님 나라다. 우리는 세상에서 성공하지 못한다 할지라도, 주의 나라를 위해 산다. 십자가의 길을 걷기에 가난하고 힘없는 자처럼 살지만, 예수님의 재림을 통해 영광스러운 하나님 나라가 성취될 것이라는 믿음으로 이 땅에서의 삶을 산다.

내가 대형 교회 담임목사가 되면 하나님께 영광이 되고, 교인이 몇 명밖에 없는 교회에서 목회하면 하나님께 영광이 안 될까? 내가 시장에서 껌을 팔면 하나님께서 "넌 날 왜 이렇게 부끄럽게 만드니? 난 네가 너무 창피해서 널 내 자녀라고 못하겠다"라고 말씀하시는가? 우리가 과연 하나님께 영광 돌린다는 말을 제대로 사용하는 것인지 다시 생각해 보아야 한다.

내가 잘되면 세상에서 전도하는 데, 더 도움이 되지 않느냐고 반문할 수 있다. 하지만 그리스도인이 대통령이 되었다고, 교회 안 다니던 사람이 "와, 기독교인이 대통령이 되었네. 나도 예수 믿어야지"라고 말하는 경우 봤는가? 큰 기업 회장이 기독교인이라 해서 예수 믿겠다는 사람이 있을까? 그런 사람들은 없다.

강한 목표 의식을 가지고 성공하면, 하나님께 영광이 되고 많은 사람에게 영향을 미치니 높은 위치를 꿈꾸라고 말하는 이들이 많다. 사회적 힘을 가져야 한다고 부추기는 이들이 많다. 그들은 꿈을 갖고 살라고 한다. 그런데 정작 그 위치에 올라간다 하더라도 그 성공을 보고 예수 믿겠다고 교회로 찾아오지는 않는다.

우리가 높은 위치에 있다고 해서 하나님이 더 영광을 받으시는 것은 아니다. 높은 지위를 가질 수 있고 관리자로 설 수도 있다. 하지만 그 일들도 또 다른 청지기의 영역일 뿐이다. 그것을 힘으로 여겨 높아지려고 애를 쓴다면, 가인 문화의 가치관에서 자기를 강화하는 것에 물드는 것이다.

우리는 이런 것에 너무 많이 속고 있다. 제자 훈련과 양육을 받고 말씀대로 살아가겠다고 다짐해도 자기 포기가 되지 않는다. 인간이 가진 죄성 때문이다. 인간의 죄성은 철저하게 반기독교적이고 반하나님적이다.

일주일에 한 번씩 예배만 참석하던 사람이 열심히 공부해서 대법원장이 되었다고 하자. 재벌이 되었다고 하자. 낮은 위치에 있을 때, 제자 훈련을 받아도 해결되지 않던 인간의 죄성이 갑자기 높은 위치로 올라갔다고 주님을 위해 일할 수 있는 영성으로 바뀌지 않는다. 하나님 앞에서 선심 쓰는 행동을 할 수는 있다.

"예배당 짓는다는데 헌금 좀 내야지", "선교하는 일, 도와줘. 도와줘!" 할 수 있다. 하지만 하나님께서 "너, 그 돈 다 포기하고 나를 좇을 수 있어? 너 그 권력 다 부인하고도 하나님의 나라와 그 영역 속에서 하나님의 뜻을 이루어 갈 수 있어?"라는 자기 부인을 요구할 때, 순종할 수 있을까?

이처럼 주님 앞에서 자기 부인이 되지 않는 사람이 높은 자리에 올라가고 성공했다고 해서 하나님께 영광이 된다는 것은 어불성설이다. 영적인 훈련을 받지 않은 사람이 높은 위치에 올랐다고 하루아침에 하나님의 뜻을 이루는 삶을 살 수 있을까? 역사를 보면 세상과 사회에서 높은 지위를 가졌다고 해서 대단한 영향력을 끼친 그리스도인은 몇 되지 않는다.

예수님도 인자는 머리 둘 곳이 없다고 하실 정도였다. 예수님의 제자 가운데 집에서 죽은 사람이 없다. 모두 객사했다. 사도 바울부터 초대 교회 교부들까지 세상에서는 다 낮은 자들이었다. 그런데 교회가 부를 갖고 사회적으로 높은 위치에 서면서부터 타락했다. 선한 영향력을 끼친 역사는 별로 없다. 물론 열심히 사는 그리스도인들 가운데 하나님이 때로 높은 위치에 세운 이들도 있다. 그리스도인들은 모두 가난하고 낮은 삶을 살아야 한다는 말은 아니다.

그리스도인은 유명해지기 위해 하는 것이 아니라 열심히 살다 보면 하나님의 섭리 가운데 유명해질 수 있다. 유명해지려고 하는 것과 자연스럽게 유명해지는 것은 다르다.

그리스도인은 이웃을 더 잘 섬기고 싶어서 노력하다 보니 유명해지고 어떤 위치에 이르기도 한다. 그저 성공한 의사가 되고 싶은 마음으로 열심히 수술해서 자신의 자리만을 높이는 것은 가인의 문화다. 정말 환자들을 위해 열심히 공부해서 사람들의 병을 고쳤는데, 병원에서 월급도 많아지고 위치도 높아지고 유명해질 수 있다.

우리나라 사람은 한국 축구가 일본에 지는 꼴을 못 본다. 이처럼 예수 믿는 사람도 꼭 한 맺힌 사람처럼 '세상에서 잘해서 떵떵거리며 잘 살았으면' 하는 바람이 있다. 예수 믿는 사람이 세상에서도 잘 될 수 있다. 그런데 기독교 역사상 돈과 자원이 많았다고 꼭 그것이 하나님의 영광이 된 것은 아니었다.

"하나님. 저에게 힘을 주세요. 나도 가인의 문화에서 성공하고 출세한 사람이 되어 주님을 위해서 일할게요. 주님 나라 위해 선교사도 후원하고 양로원과 고아원도 지을게요."

솔직한 동기는 자기 강화인데, 하나님의 영광과 복음과 주님의 나라를 위해 선교사를 파송하고 양로원과 고아원을 짓는다는 말은 흥정하는 말이다. 오늘 가난한 사람을 섬기지 않으면서 돈이 많아지면 섬기겠다는 말은 희망 사항에 불과하다. 물론 천억쯤 생기면 십억 정도로 자선사업을 할 수도 있다. 자기 선행을 사진을 찍어 광고하는 사람들처럼 말이다.

우리를 부추기는 오늘날의 상향주의적 가치관이 바로 가인의 문화다. 상향주의적 가치관은 철저하게 반기독교적이다.

왜 한국 교회가 이렇게 사회에서 욕을 먹게 되었을까? 왜 '개독교(?)'라는 욕까지 들을까? 세상과 똑같이 힘을 추구했기 때문이다. 가인의 문화가 힘을 추구하는데, 예수 믿는 사람들이라고 하면서 같이 싸움판에 끼어들어서는 같이 자기 힘만을 추구하는 모습에 질린 것이다. 저들은 뭔가 좀 달라서 포기하고 양보하고 희생하는 모습을 보여야 하는데, 오히려 가인의 사람들보다 더 힘을 추구했다. 게다가 하나님 힘을 등에 업고 자기를 더 강화하겠다고 가인의 사람들에게 달려들었다.

'이미'와 '아직'의 긴장 관계

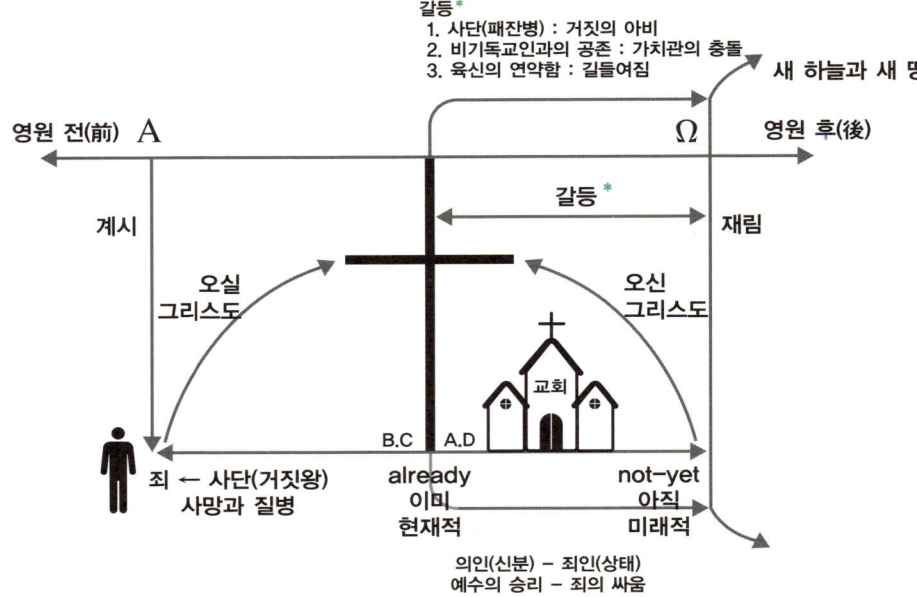

예수께서 처음 이 땅에 오심으로써 하나님 나라는 '이미' 우리 가운데 시작되었다. 그래서 그때 예수님을 믿고 하나님의 통치 안으로 들어오는 자는 구원을 받고 오늘도 그분의 다스림 안에서 살아간다. 그러나 예수님의 재림을 통해 이루어질 나라는 '아직' 오지 않았다. 그래서 우리는 그 미래적 하나님 나라를 소망 가운데 기다린다.

왜 예수님의 재림을 기다리는가? 예수님의 재림을 통해서만 하나님 나라가 완성되기 때문이다. 우리는 현재적 하나님 나라와 미래적 하나님 나라 사이에서 살고 있다.

예수께서 재림하실 때까지 우리는 상태적인 면에서는 이 땅에서 '아직' 죄인이다. 그러나 '이미' 예수 그리스도가 부활, 승리하신 것을 믿음으로 승리한 자이다. '이미'와 '아직' 사이에, 오늘 그리스도인들이 신앙생활하면서 겪는 갈등이 있다.

"나는 왜 예수 믿으면서 이 모양인지 모르겠다. 신앙생활이 왜 이러지?"

여전히 믿으면서도 하나님과의 관계나 신앙에 대해 여러 가지 갈등이 일어나는 이유가 무엇인가? 그것은 '이미' 우리가 그리스도 안에 들어왔지만 '아직' 완성되지 않았기 때문이다. 구체적으로 왜 긴장 상태가 발생하는가? 세 가지 까닭 때문이다.

갈등의 첫 번째 이유는 패잔병과 같은 사단의 활동이다. 예수님이 재림하셔서 사단을 다 잡아넣을 때까지는 이 땅에 사단이 공존한다. 예수께서 십자가에서 사단의 권세를 깨뜨리시고 승리하셨지만, 사단은 여전히 활동 중이다. 지금 이 사단은 패잔병이다.

남한하고 북한하고 전쟁했다고 가정해 보자. 남한이 승리해 평양과 백두산에 태극기를 꽂았다. 그런데 지리산에는 북한군의 잔당이 남아 있다. 그들은 항복하지 않았다. 그러면 지리산 아래 사는 사람들은 그들을 모두 소탕할 때까지 조심해야 한다. 숨어 있는 잔당들은 산 아래 있는 사람을 괴롭히며 최후까지 싸우려고 한다.

이처럼 패잔병이 된 사단은 우리를 미혹하고 쓰러뜨리려고 우는 사자처럼 호시탐탐 기회를 노린다. 마지막까지 사단의 통치 아래 살아가도록 우리 영혼을 장악하려 든다. 사단은 거짓의 아비다. 사단은 끊임없이 예수님이 아닌 다른 가치관이 우리를 보장해 줄 힘이라며 속이려 한다. 이데올로기, 과학, 교육, 돈이 인간을 구원할 메시아라고 이야기한다. 이 거짓 메시지 때문에 이 땅에 거짓 메시아가 판을 친다.

갈등의 두 번째 이유는 비기독교인과의 공존이다. 우리는 이 땅에서 예수를 믿지 않는 사람들과 같이 산다. 그러니 우리의 일상은 서로 다른 가치관이 충돌하는 전쟁터일 수밖에 없다. 한정된 자원과 부를 더 많이 쟁취하기 위해 힘을 추구하고 스펙을 쌓으며 경쟁하고 뺏고 빼앗기는 곳이 세상이다. 낙오된 자는 상처와 압박에 시달리고 심하면 자살에 이르기도 한다.

이처럼 우리는 하나님의 통치를 받지 않는 이런 사람들과 함께 산다. 우리는 하나님의 주권 앞에 무릎을 꿇고 하나님이 선하다고 하신 것을 선으로, 하나님이 악하다고 하신 것을 악으로 알고 산다. 그런데 하나님의 통치를 받지 않는 이들은 선과 악을 자신이 판단한다. 그들은 하나님 나라 밖에서 하나님 없이 살아가므로 자신이 하나님이다.

그들은 인생은 '자신의 것'이고, 자기 마음대로 살아간다. 자기 마음대로 좋은 일 하고 자기 마음대로 착하게 살아간다. 자기 마음대로 고아원 짓고 양로원을 짓는다. 그런데 하나님 없이 이루어지는 이 모든 일은 악이다. 인간이 마치 선을 추구하는 것처럼 보이지만, 내면을 들여다보면 자신이 자기 인생의 주체, 주인이라고 외치고 있다.

세상은 사람들로부터 인정받고 높임을 받고 부러움의 대상이 되는 것을 성공, 출세라고 한다. 사단이 우리에게 거는 속임수다. 우리는 자꾸 속는다. 이 세상 가치관을 따라 좋은 대학을 졸업하고, 잘생겨야 하고, 돈이 많아야 하고, 성공해서 권력을 거머쥐어야 존재 가치가 더 크다고 속는다.

우리는 저들이 말하는 그 힘이 설사 없다 할지라도 이 환경을 주신 하나님 앞에서 그분의 나라가 이루어지도록 순종하며 산다. 순종이 힘들지만 잘 순종할 수 있도록 도우시는 하나님의 능력(듀나미스)을 구한다. 하나님이 능력 그 자체이시다. 우리 자신이나 세상이 추구하는 그 무엇이 힘이 아니라 하나님이 힘이시므로, 우리는 아프고 어려운 환경 속에서도 주님의 뜻을 구한다. 감당할 수 있도록 하나님의 능력을 구하고, 주시는 능력으로 고난을 이겨 내는 것이 그리스도인의 삶이다.

어느 교회 대학부 수련회에서 상담했던 내용이다.

"부모님이 돈이 없고, 아버지가 술만 먹고, 엄마는 살림도 포기하고, 매일 가족 간 다툼이 있는 이 집이 난 정말 지겨워요. 내가 왜 이런 집에서 태어났는지 정말 너무너무 속상해요."

그럴 때 예수 안 믿는 사람들은 그 집을 뛰쳐나와 어디 가서 자기 마음대로 살 수도 있지만, 예수 믿는 사람들은 그렇게 지겨운 아버지, 어머니일지라도 같이 산다.

"주님, 이 환경을 감당하며 이겨낼 능력을 주옵소서. 저는 감당할 수가 없습니다. 아버지가 술 먹고 폭력을 휘두르면 정말 어떻게 해야 할지 모르겠고 무섭기만 합니다. 우는 엄마를 끌어안고 동생들을 돌보고, 학교 다니면서 집안일 감당하는 거 너무 벅차요. 하지만 주님, 주님께서 이 가정에서 주님 나라를 이루기 원하신다면, 내가 그런 아버지를 사랑하고 그런 우리 집에서 살아갈 수 있도록, 이런 환경 속에서도 기뻐할 수 있는 능력을 주옵소서."

이렇게 기도하며 엄마를 위로하고, 아빠를 사랑하고, 동생들을 돌본다. 학교 다니랴 아르바이트하랴 때로는 잠도 제대로 못 자는 환경일지라도 여전히 기쁨을 잃지 않고 감사가 입에서 떠나지 않는다. 계절이 바뀌어도 여전히 해지고 낡은 옷을 그냥 입고 다녀도 구김살 없는 밝은 웃음이 있고, 감사하면서 또 다른 이웃의 어려움을 함께 이해해 주는 것이다.

이런 삶을 살 때, 주변 사람들은 이렇게 말한다.

"너는 어떻게 그런 삶을 살 수 있어? 어떻게 그렇게 할 수 있니?"

이렇게 묻는 사람들을 향해 "주님이 주시는 능력이야. 나도 너무 힘들고 감당하기 벅차지만, 주님이 주시는 능력으로 감당할 수 있었어"라고 고백하는 것이 그리스도인의 삶이다.

이처럼 '이미'와 '아직' 사이에 살고 있는 그리스도인의 삶에는 비기독교인들과의 가치관 충돌이 있다.

갈등의 세 번째 이유는 육신의 연약함이다. 예수님을 믿어도 우리의 육체는 연약하다. 병에 걸릴 수도 있고 피곤함을 느낄 수도 있다. 주님의 일을 열심히 해도 육체의 피곤함을 느낄 수 있다. 병에 걸릴 수도 있다. 그뿐만 아니라 육신의 연약함은 잘못된 중독성에 빠지기도 한다.

우리 몸은 '길들여짐'이라는 중독성이 있다. 주님의 다스림을 받고, 말씀을 묵상하고, 성경공부 조장도 하고, 찬양 인도자로 거룩한 삶을 살지만, 혼자 있을 때면 죄에 빠져 있을 수 있다. 중독된 생활습관이 문제를 일으키고 거룩한 삶을 사는 것을 방해한다.

죄의 감각은 중독성이 있어서 한번 길들면 끊기가 힘들다. 따라서 가장 중요한 것은 죄의 맛을 모르는 것이다. 술맛을 모르면 술을 끊는 것이 어렵지가 않고, 담배 맛을 모르면 담배를 끊는 게 어렵지 않고, 도박을 모르면 도박을 안 하는 게 어렵지 않다.

식욕이 필요한 것처럼 성욕도 필요하다. 성경은 부부관계를 통해서 성욕을 해결하게 하셨다. 그래서 혼전에는 성욕을 잘 다스려야 한다. 특히 성을 인격으로 대하는 습관이 형성되지 못한 상태에서 성의 지배를 받아 버리면, 배우자까지도 성적인 도구로 전락시키고 만다. 감각적으로만 성을 사용하면, 인격적으로 사랑한다는 것을 알지 못한다. 이미 길들여진 대로 살면, 결혼 후에도 한 여자나, 한 남자로 만족하지 못한다. 그래서 오늘날 성적인 문란에 젖어 사는 경우가 많아진다. 이처럼 사단은 우리를 쓰러뜨리려고 미혹하며 잘못 길들여진 죄의 습성대로 살게 한다.

이런 우리를 위해 주어진 공동체가 교회다. 하나님께서는 이 땅에 교회라는 공동체를 통해 하나님 나라를 실현해 가신다. '이미'와 '아직', 현재와 미래를 살아가는 우리는 교회를 통해 하나님을 예배하고, 말씀으로 양육 받고 무장하여, 이 땅에 하나님 나라를 선포하고, 빛과 소금의 삶을 살게 된다.

하나님의 통치를 받는다는 의미

'하나님의 나라'는 내 인격과 내 삶 전체에 그분의 통치가 이루어지는 것이다. 나아가 내 가정, 학교, 직장, 사회, 정치·경제·문화·예술 등 모든 삶의 영역에서 하나님의 주권이 드러나 그 왕권으로 다스려지는 것이다.

정치를 예로 들면, 정치에서도 하나님이 왕이시다. 하나님의 왕권 앞에 순종하는 정치인들이 늘어나야 한다. 장로가 대통령이 되고, 그리스도인이 국회의원이 많이 되어야 한다는 말이 아니다. 정치 영역에서 하나님의 뜻이 이루어지도록 하나님의 뜻을 구하며 그 뜻을 이루어 드리는 정치인이 필요하다. 하나님보다 높아진 정치사상이나 방법이 예수 그리스도 앞에 무릎을 꿇도록 하나님 뜻에 순종하는 정치인이 필요하다.

종교와 정치가 분리되어야 한다는 생각 때문에 정치에 대해 무관심한 것은 그리스도인으로서 바람직한 태도가 아니다. 정치에 하나님의 왕권이, 하나님의 주인 되심이 이루어져야 한다. 그리스도인이라면 하나님의 의가 바르게 실현되도록 정치에 관심을 가지고 합당한 역할을 해야 한다. 잘못된 제도와 시스템, 불의한 관행과 메커

니즘을 끊고 하나님의 의로움이 드러나도록 행동해야 한다.

그러나 현재적 하나님 나라뿐 아니라 미래적 하나님 나라가 이 땅에서 이루어지길 소망해야 한다. 기도와 더불어 현재적 하나님 나라에서 우리의 정치가 하나님 뜻 가운데 어떻게 이루어질 것인지 고민하며 행동해야 한다. 하나님의 주권을 인정하는 우리가 어떤 태도와 방법으로 정치에 참여할지 물어야 한다.

경제적 부강을 추구하는 것을 반대하지 않는다. 하지만 우리의 가치관이 실용주의를 넘어 물질주의로 바뀌는 것에는 경각심을 가져야 한다. 돈 없고 배경 없고 힘이 없어 무시당하고, 정상적인 삶을 살 수 없는 사회가 되어서는 안 된다. 많이 가진 자들이 바른 삶을 보여 주지 못할 때, 홧김에 숭례문을 불태우는 것처럼, 비정상적으로 자신을 표출하는 사람이 많아진다.

그리스도인은 삶의 모든 영역에서 하나님 나라를 드러내며 살아야 한다. 가인의 가치관이 득세할수록 그리스도인의 갈등과 고난은 더 심해진다. "하나님이 살아 계시는데 어떻게 악인이 더 흥왕하고 의인들은 더 고통을 받을 수가 있습니까?"라는 시편 73편의 갈등처럼 "정의의 하나님이시라면 어떻게 하나님 말씀대로 살아가려는 저 사람은 극심한 고통을 당하고, 저렇게 못돼 먹은 사람은 성공하고 출세하고, 게다가 그 자식들도 잘됩니까? 넘어져도 이쪽 사람들은 코가 깨지는데 저 사람은 넘어져도 금덩어리를 줍다니 왜 그러십니까?"라며 비관할 수도 있다.

그런데 이 세상 세력이 득세하는 것처럼 보여도, 우리는 하나님의 공의가 실현될 미래의 나라가 있음을 알기에 낙관한다. 그래서 그리스도인의 삶은 비관론적 낙관주의다. 이 땅에서는 우리가 고난받고 갈등하지만, 예수님의 재림을 통해 반드시 하나님의 의가 실현될 것을 믿기에 고난 속에서 소망을 갖고 살아간다.

우리 신앙의 승부는 이 땅에서 전부가 아니다. 인생의 모든 문제의 답이 지금 여기서 해결되는 것도 아니다. 어쩌면 이 땅에서는 그리스도인들이 더 고난을 당하고 상처받아 패배자처럼 보일 수도 있다. 하지만 그것은 패배가 아니다. 영원한 나라가 반드시 우리에게 이루어지리라는 믿음이 고난조차도 감당하게 한다. 세상 악인들이 아무리 힘을 써도 우리에게서 믿음을 빼앗아 갈 수가 없다. 때로 세상 권력이 미래의 소망을 거부하라고 유혹할 때도 있다. 그때도 여전히 예수님으로 살겠다는 자세가 순교적 삶이다.

세상에서는 돈의 힘이 더 크지만, 우리는 예수님의 힘으로 살아간다. 어떤 승려는 무소유의 기쁨을 누린다 했지만, 우리는 예수 그리스도를 소유한 기쁨을 누리며 산다. 기독교는 마음을 비우는 게 아니다. 마음을 휑하니 비우면 그 자리에는 귀신이 자리 잡는다. 오히려 우리는 마음을 말씀으로, 예수님으로 충만하게 채워야 한다. 그런 면에서 기독교는 비움의 종교가 아니라 채움의 종교다. 마음을 비워 욕심이 없어지는 게 아니다. 예수 그리스도의 영으로 충만해서 소유에 연연하지 않게 된다. 그리스도가 내 삶을 지배하는 기쁨으로 도리어 물질을 잘 관리하는 사람으로 성장한다. 이런 믿음으로 이 땅을 살아가는 것이다.

초대 교회 공동체, 우리 신앙의 선배들은 전혀 굴하지 않고 기꺼이 주님 때문에 죽어 갔다. 영원한 하나님 나라를 믿기 때문에 기꺼이 세상 모든 것들을 포기했다. 세상은 마치 자신들이 득세한 것처럼 보이겠지만, 왕 되신 주님께서 이 땅에 다시 오실 때, 그들은 영원한 심판을 받을 것이다. 여기서 주님을 좇던 우리는 패배한 듯 보이지만, 우리에게는 이미 승리와 영광이 있다. 그 나라를 믿기 때문에 이 땅에서 때로는 고난도 필요하다. 하나님의 통치를 받는다는 것은 우리 삶에서 하나님의 뜻을 이루는 것이다.

믿음의 시작

인류가 겪어 온 과거의 변천 모습이나 그 기록을 역사라고 말한다. 그런데 '역사'(history)는 '그의 이야기'(His story)다. 역사(history)라는 단어 자체가 주권자가 하나님이시라는 전제에서 출발한다. 하지만 예수 믿는 사람들이야 이와 같은 전제를 받아들이지만, 믿지 않는 사람들은 절대적 하나님의 존재를 인정하지 않는다.

기독교의 모든 이야기는 하나님께서 살아 계시고 그분이 창조주시라는 전제에서 이루어진 것이다. 그런데 예수님을 믿지 않는 사람들은 그 전제에 동의하지 않는다. 그래서 하나님의 존재를 증명하라고 주문한다. 그러나 하나님은 사람이 볼 수 있는 시각의 한계, 들을 수 있는 청각의 한계, 생각할 수 있는 인식의 한계를 넘어서는 분이다. '그분은 살아 계시다'라는 전제는 아무리 논리적으로 말한다 해도 설득하거나 이해시킬 수 없다. 우리가 그 사실을 깨닫고 믿도록 하나님께서 우리 가운데 성령으로 역사하셨다. 그래서 믿음은 선물이다.

자연적 탄생으로 죄 가운데 속한 육신의 사람은 이런 일이 미련해 보일 것이다. 그런데 성령의 일을 받은 영적인 사람은 이것을 깨닫고 또 믿는다. 하나님의 말씀이 전파되었을 때 성령의 개입으로 그 사실을 믿는 것이 성령의 역사이다.

"육에 속한 사람은 하나님의 성령의 일들을 받지 아니하나니 이는 그것들이 그에게는 어리석게 보임이요, 또 그는 그것들을 알 수도 없나니 그러한 일은 영적으로 분별되기 때문이라"(고전 2:14).

"하나님께서 살아 계시다"라는 전제는 성령께서 믿어지도록 해 주시는 선물이다. 신앙은 안 믿는 사람을 논리를 내세워 설득하는 게 아니다. 나는 이 책을 통해 설득하거나 이해시키려는 것이 아니다. 또 어떤 논리를 내세워 의문을 제기하지 못하도록 승복시키겠다는 것도 아니다.

믿음은 그렇게 해서 해결될 문제가 아니다. 성령께서 역사하셔서 눈이 밝아지듯 '아하, 그렇구나!' 하고 깨달아지고 믿어져야 한다. 성령이 말씀을 통해 일하시기에 하나님의 말씀을 전할 뿐이다.

오늘날 게놈 지도가 밝혀지고 지적 설계 이론이 발전하고 있다.

게놈을 통해 DNA 지도를 그린 '설계자'가 있다. 그 설계자가 누구인가? 우리는 창조주라고 부른다. 하지만 성령께서 역사하지 않으시면, 지적 설계를 보고도 믿지 못한다. 하나님은 우리의 인식이나 논리에 담을 수 없는 초월적 존재이시다. 우리의 인식 영역을 넘어선 분이시다. 그분을 우리의 인식이 믿게 하는 것, 그것이 바로 말씀을 통한 성령의 역사이다. 믿음이란 우리의 노력의 산물이 아니라 단지 공짜로 부어 주시는 하나님의 풍성한 은혜다. 우리는 받아들이기만 하면 된다.

하나님이 살아 계신다는 사실이 믿기지 않는다면 이렇게 한번 해 보자. 솔직하게 그리고 진지하게 이렇게 말해 보라.

"하나님, 저도 믿고 싶습니다. 그런데 안 믿어집니다. 정말로 하나님이 시퍼렇게 살아 계신다면, 저도 하나님을 믿을 수 있도록 도와주세요."

이렇게 기도하는 것만으로도 마음이 열리고 하나님의 역사는 시작된다. 하나님을 향해 질문하는 것이 은혜의 시작이다. 일단 시작되면 어느 날, 어떤 방식으로 누구를 통해 역사하실지 모르지만, 말씀을 통해 이 보물을 깨닫는 역사가 이루어진다. 성령께서 그 깨달음을 통해 하나님의 자녀요, 백성으로 거듭나게 하시고 나아가 진리가 눈에 보이기 시작한다. 믿어진다.

내가 선 곳
거룩한 땅

'하나님 나라의 시민'으로 살아가는 삶

: 기독교인으로서 살아간다는 의미

기독교는 종교일까, 삶일까?

예수를 안 믿는 사람이 봤을 때 기독교는 또 하나의 종교다. 하지만 우리에게 기독교는 단순한 종교 생활이 아니다. 하나님의 백성으로 사는 삶 그 자체다. 윤리 도덕적 생활과는 차원이 다르다. 기독교적 분위기에 어울려 지내는 것과 실제 복음적으로 사는 것은 다르다.

내가 잘 아는 어떤 목사님의 고백이다.

"착하게 사십시오. 서로 사랑하고 이웃에게 친절하게 대하세요. 믿음과 사랑, 희망을 품으세요."

설교할 때는 윤리 도덕적으로 이렇게 전했지만, 집에 가서 누워 있으면 "하나님이 진짜 계실까?" 하는 의문이 들었다고 한다. 7년을 그렇게 설교했다. 그러다가 부활하신 예수님을 인격적으로 만나면서 거듭난 그리스도인으로서 드디어 복음의 메시지를 전하는 목사가 되었다고 한다.

이 목사님처럼 복음을 모른 채 교회 일을 하는 경우도 있다. 하지만 대부분 "예수님이 우리 죄를 위해 죽으셨고 부활하신 예수님을 믿음으로써 구원을 얻는다"는 것을 잘 알고 있다. 그런데 그 내용을 알고 있음에도 그리스도와 연합된 자로서 삶을 살지 않는 것이 문제다. 그런 삶은 복음적 삶이 아니다.

교회가 힘을 잃어버린 것은 복음의 내용을 몰라서가 아니라 예수 그리스도와의 연합을 온전히 이루지 못해서다. 그리스도와 연합해 자신을 드리고 자기를 부인하고 십자가를 좇지 않으면 복음의 내용을 알아도 정작 복음의 능력이 삶에서 나타나지 않는다. 복음의 능력은 그리스도와 연합된 삶에서 나온다. 그것이 없으면 기독교는 그저 종교적인 생활에 불과하다.

복음적인 분위기가 주님과의 연합을 위해 자신을 더 깊이 들여다보고 자신을 내어드리는 데로 인도해 줄 수 있다. 하지만 정말 주님 앞에 자신을 드리지 않으면, 그것은 또 하나의 종교적 이데올로기일 뿐이다. 세속적 가치관이 기독교에 들어온다고 걱정하고, 그리스도와 연합된 삶을 살지 않는다고 외쳐도, 그 말을 하는 이가 그렇게 살지 않는다면 울리는 꽹과리에 불과하다.

"주님, 말이 아닌, 정말 그런 삶을 살게 해 주세요. 성령께서 내 마음을 만지시고 움직이실 수 없다면, 이 묵은 땅을 기경시켜 주십시오."

변화는 한 번 형성되어 고착된 것을 개혁하는 것이다. 그건 우리 마음이 '기경'되어 뒤집히는 일이다.

무엇이 다른가?

그리스도인의 신앙생활과 불교 신자나 이슬람 신자, 힌두교 신자의 신앙생활은 어떻게 다를까? 다른 종교는 자신의 노력으로 선을 쌓아 무언가를 얻는다. 그러나 기독교는 자기 공로로 무언가를 얻는 종교가 아니다. 기독교와 다른 종교의 큰 차이점은 '은혜'다.

'은혜'가 무엇일까? 은혜를 알기 위해서는 '긍휼'을 먼저 알아야 한다. 성경은 단순히 굶주린 사람을 보고 불쌍히 여기는 동정심을 긍휼이라 하지 않는다. 성경이 말하는 긍휼은 하나님을 하나님으로 여기지 않고 반역하여 원수가 된 우리를 하나님이 불쌍히 여기신다는 의미로 긍휼을 이야기한다.

그런데 원수를 용서하는 것을 넘어 집으로 데려가 밥도 먹이고 옷도 입히고 잠자리도 제공해 주고 살 길을 열어 줬다고 하자. 원수는 그런 호의를 받을 만한 자격이 없다. 하지만 그렇게 호의를 베푸는 것, 바로 그것이 은혜다. 은혜는 받을 자격이 없는 사람에게 거저 주는 호의다.

이처럼 '은혜'는 '원수를 긍휼히 여기는 마음'에서 출발한다. 이런 긍휼과 은혜를 우리는 '하나님의 사랑'이라고 말한다. 그래서 하나님의 사랑은 전혀 측량할 수가 없다.

시편 51편은 다윗이 밧세바와 동침하고 우리야를 죽인 죄를 회개하면서 지은 노래다. 그런데 자기가 죄를 지었다는 표현이 네 번밖에 안 나온다. 오히려 하나님의 자비와 긍휼을 찬양하는 말이 열아홉 번이나 나온다. 다른 종교 같으면, 자신이 죄지은 것을 190번 정도 쓰고, 용서해 준 것에 대해 두세 번 이야기할 것이다. 하지만 죄인을 향한 하나님의 자비와 긍휼이 얼마나 놀라운지 모른다. 다른 종교가 노력과 선행으로 살아간다면, 기독교는 하나님의 은혜 속에서 생활한다.

1. 신앙생활은 하나님의 다스림에 순종하는 삶이다

신앙생활이란 무엇인가? 구원받은 사람이 그분의 다스림을 계속 받는 삶의 행위다. "그리스도인으로 신앙생활한다"는 것은 주님의 통치 앞에 순종하며 살아간다는 말이다. "요즘 신앙생활을 잘하고 있습니까?"라는 질문의 참뜻은 "주님의 다스림을 잘 받고 있습니까?"이다.

대한민국 사람들은 대한민국 헌법의 다스림을 받는다. 대한민국에 산다는 것은 대한민국의 헌법이 미치는 영역에 사는 것을 말한다. 그와 마찬가지로 우리가 신앙생활한다는 것은 하나님 나라의 주권과 왕권이 미치는 하나님 나라의 백성으로 살아가는 것을 의미한다.

"예수 믿으세요. 예수 믿고 천국 가세요"라는 말은 내세에 좋은 곳에 가라는 덕담이 아니다. 그 말의 참 의미는 "예수 믿고 예수님 앞에 무릎 꿇으세요"이다. 예수 앞에 무릎 꿇지 않았다면, 그 사람은 그리스도인이 아니다. 예수님을 삶의 주인과 왕으로 기꺼이 모셔 들여야 한다. 처음부터 기독교를 이렇게 배웠다면 우리의 신앙은 굉장히 달라졌을 것이다.

그런데 한국 교회는 불행히도 역사적으로 이런 신앙의 혜택을 누릴 기회가 없었다.

1907년 평양 부흥이 일어났다. 그리고 3년 뒤인 1910년 경술국치가 찾아왔다. 그 후 1945년 광복할 때까지 기독교는 탄압을 받았다. 당시 한국 기독교에서 신앙의 성숙을 재는 척도는 신사참배를 했느냐 안 했느냐였다. 신사참배를 했으면 거짓이고, 하지 않았으면 신앙의 절개를 지킨 성숙한 사람이었다.

광복 이후 바로 한국전쟁이 일어났다. 먹을 것도 부족한 궁핍한 상황인데 공부를 제대로 할 수 없었다. 한강 모래사장에 모여 부흥사들이 한글도 모르는 분들에게 성경을 가르치고 설교했다. 병 앓는 사람 고쳐 주고 기적을 보여 주고 체험하면서 한국 교회를 이끌어 갔다. 그러다 새마을 운동이 시작되면서 먹고사는 문제가 조금씩 나아졌다. 그러자 한국 교회는 예배당 짓는 데 열심이었다. 성전

봉헌이 주님을 위한 최고의 소원이었다. 먹을 것도 안 먹고 헌신적으로 헌금해 많은 곳에 예배당을 지었다.

1970년대 후반이 되면서, 한국 교회가 이대로 좋은가라는 자성의 소리가 나오기 시작했다. 한국 교회의 상업화를 걱정하는 목소리도 나왔다. 이즈음 캠퍼스에서는 청년 선교 단체 활동이 강하게 일어났다. 선교 단체는 교회에서 가르치지 않았던 예수 그리스도와의 인격적 관계, 구원의 객관적 근거와 기도 응답 등을 가르쳤다.

1980년대에 들어서고 선교 단체 출신 목회자가 배출되면서, 교회에 선교 단체와 같은 대학부들이 대거 일어났다. 높아진 교육 수준과 더불어 성경공부와 제자 훈련을 통해 기독교를 이해하고 믿기 시작했다.

그럼에도 오늘날 한국 교회가 세속화되어 간다는 문제점은 여전히 남아 있다. 옛 영향이 남아 있어서 성경공부보다는 은사와 감정적 신앙 체험을 중시하는 오순절파와 교회 건축과 성경공부를 중히 여기는 교회가 아직 혼재해 있다.

내 개인적 신앙도 비슷한 과정을 겪었다. 군에서 제대할 때쯤 갈등이 생겼다. 요한복음 10장 10절에 "양으로 생명을 얻게 하고 더 풍성히 얻게 하려는 것이라"는 말씀이 있다. 나는 나를 위한 예수님의 죽으심과 부활을 믿었다. 그런데 풍성할 때도 있었지만, 풍성하지 않을 때도 있었다. 당시 난 소위 성령의 불을 받으면, 모든 삶의 문제가 해결되는 줄 알았다. 그것이 풍성이라 생각했다. 그런데 그건 받았다가 없어지고, 또 받았다가 없어지곤 했다.

군에서 제대한 후, 서울에 있는 어느 교회 대학부에 갔다. 그 교회 말씀이 좋다고 해서 구경을 간 터였다. 방문했던 대학부 모임에서 예배가 끝나자 GBS를 하라고 했다. 리더인 한 자매가 모인 사람 각자에게 물었다.

"구원의 확신이 있으세요?"

그 질문에는 자신 있었다. 이어서 두 번째 질문이 왔다.

"QT 하세요?"

나는 모태신앙으로 교회에서 쭉 성장했는데, 'QT', 이 말이 기독교 용어인지, 한국말인지, 영어인지 도통 알 수가 없었다.

'큐트(cute)? 귀엽냐고? 아니 그건 아닌 것 같은데…. 큐티, 이게 뭐지?'

속으로 조바심이 났다. 드디어 내가 대답할 차례가 왔다. 난 그냥 "네" 하고 대답해 버렸다. 하지만 그 자매는 내 표정을 보고 내 신앙을 다 알아보았다는 듯 그날 내게 복음을 전했다.

그곳에서 나는 처음 제자 훈련이라는 것을 받았다. 그때 훈련받으면서 비로소 QT가 'Quiet Time'이라는 것을 알았다. 그 후 제자 훈련에 미쳐 버렸다. 요한복음 10장 10절의 풍성한 삶은 주님과의 교제에 있다는 것을 깨닫게 되었다. 그때부터 QT를 했다.

당시 나는 진로 때문에 고민이 많았다. 어느 날 기도하는데, 머릿속에 이미지 하나가 떠올랐다. 아스팔트 길 위에 죽은 쥐가 있었다. 그 쥐 위로 차가 지나갔다. 배가 터졌다. 그런데 마음속에서 "그 배 터진 쥐가 엄기영, 바로 너다. 이 배 터져 죽은 쥐 같은 놈아, 너를 써 달라고?"라는 소리가 들리는 것 같았다. 그 순간 내가 어떤 사람이었는지 느껴져 몸서리를 쳤다. 깊은 기도 가운데 그동안 지었던 죄들을 모두 회개했다. 그리고 정말 내 인생을 빈 도화지처럼 주님 앞에 내려놓았다.

"내 인생을 하나님 앞에 전부 드립니다. 주님이 기와집을 그리시려면 기와집을 그리시고, 초가집을 그리시려면 초가집을 그리시고, 빌딩을 그리시려면 빌딩을 그리시고, 마음대로 하십시오. 내 인생을 인도하실 주님이 저와 함께한다면, 저는 주님으로 만족할 수 있습니다."

그리고 많은 시간이 흘렀다. 그동안 나는 신실하지 못했어도 하나님은 나를 신실하게 인도해 오셨다.

● 주님의 주(主) 되심을 인정하는 삶

신앙생활이란 인생의 주인이 예수님으로 바뀌는 것이다. 그리스도가 내 인생의 주인이 되어서 다스리시는 것이다.

모든 영역에서 하나님의 주권을 인정하고, 모든 사상과 가치관이 예수 그리스도께 무릎 꿇도록 해야 한다. 오직 하나님만이 영광을 받으실 분이기 때문이다.

하나님은 노동과 일을 주셨다. 예수를 믿는다고 세상과 등을 지거나 도피하는 삶은 정상적인 기독교인의 삶이 아니다. 물론 어떤 경우는 특별히 수도원으로 부르심을 받은 사람이 있을 수 있지만, 보편적으로 우리 삶은 이 땅에 있다. 우리에게 주신 직업은 단지 생계 수단으로만 그치지 않고 노동을 통해 이웃을 섬기는 중요한 의미를 지닌다. 따라서 주의 다스림 안에 있다면, 내가 선 곳은 하나님의 거룩한 땅이다.

죄가 들어오기 전 노동은 신성하고 즐거운 것이었다. 그런데 죄가 들어면서 우리의 노동은 고통스러워졌다. 하지만 하나님은 여전히 노동을 명하시며, 여전히 하나님의 주권과 통치하심을 드러내는 수단으로 삼으신다.

땅콩 장수가 있다고 하자. 모두가 저울을 속이면서 더 많은 이익을 챙기고 있었다. 그런데 그리스도인 땅콩 장수는 저울을 속이는 일은 하나님 앞에 바른 것이 아니라고 하면서, 남들처럼 저울을 속이지 않고 정직하게 장사했다.

그러면 하나님께서 그 사람을 축복하셔서 땅콩 재벌이 되게 하실까? 물론 그렇게 하실 수도 있다. 하나님의 특별한 섭리로 땅콩 재벌이 되는 사람도 있다. 그러나 대부분은 이렇게 팔면 망한다.

"여기서 땅콩 팔던 할아버지 어디 갔어?"

"망했대."

"왜 망했대?"

"저울을 우리처럼 안 썼대."

"그 사람은 대체 왜 그랬대?"

"예수 믿는다나?"

"그래? 예수 믿는 사람들은 우리랑 다르네."

이것이 그리스도인의 영향력이다. 정직하게 경영하다가 망했다.

그러면 안 믿는 사람들은 뭐라고 할까?

"그리스도인들은 그렇게 손해 보고 망하네. 예수 믿는 사람들은 뭔가 다르네."

기꺼이 이 땅에서는 망하는 믿음. 이는 보통 믿음으로는 힘들다. 하지만 하나님께서는 이 땅에서 기꺼이 망할 수 있는 그리스도인들도 찾으신다.

"너희는 나 때문에 이 땅에서 전적으로 순종해서 기꺼이 망해 줄 수 있니? 내가 줄 미래의 하나님 나라를 확신하기 때문에, 기꺼이 하나님의 하나님 되심을 믿기 때문에 이 땅에서 망할 수 있겠니?"

하나님께서는 땅콩 재벌도 만드시지만, 기꺼이 망할 수 있는 사람도 찾으신다.

예수 믿는 사람도 무서운 암에 걸릴 수 있다. 나는 예수님의 이름으로 암이 나을 수 있다는 것을 100% 믿는다. 그러나 암이 나았다는 간증도 있지만, 투병 끝에 죽을 수도 있다. 그 사람은 이 세상에서는 죽지만, 하나님 안에서는 암이 치료된 것이다. 그러니 미래의 하나님 나라를 믿기 때문에 건강하게 투병 생활하다가 죽는 그리스도인들의 간증도 있어야 한다. 우리에게는 이 두 종류의 간증이 다 필요하다.

재벌이 되거나 망하거나 또는 병이 완치되거나 끝내 죽음을 맞이하거나 과연 어느 쪽이 어려울까? 망하고, 끝내 죽음을 맞이하는 쪽이 훨씬 어렵다. 하나님이 누군가를 들어 그 일에 쓰고 싶으시지만 감당을 못하니 안 시키시는 것이다. 고난을 통해서라도 주님이 높아질 수 있다면 그 길을 걸어가는 사람, 하나님의 주권을 가지고 직업의 영역에서 순교의 각오로 사는 사람이 필요하다.

그런 그리스도인들을 보았다면, 지금 한국 사람들이 우리 기독교를 어떻게 생각할까? 그동안 우리는 어쩌면 예수 안 믿는 사람들보다 훨씬 욕심을 내고 손해를 안 보려 하고, 더 우리 것을 챙기려는 모습을 보여 주었는지 모른다. 그래서 그리스도인들을 싫어하고, 아프가니스탄에 인질로 잡혔던 그리스도인들을 향해 그토록 악랄한 글들을 썼는지 모른다. 한국 기독교에 대해 기존에 쌓여 있던 감정이 그렇게 터진 것이라고 본다.

만약 재료공학을 공부하는 학생이라면, 자신의 전공으로 어떻게 하나님의 축복을 이 세상에 전할 수 있을까? 재료공학을 응용해 장애우를 위한 의족을 만들어 그들을 섬길 수 있다. 인체공학, 생체공학, 재료공학 하는 사람들이 모여 의족을 만들었다고 하자. 그런데 그 의족 가격이 1억원이라면, 가난한 사람들은 구입할 엄두도 못 낼 것이다. 이때 재료공학 하는 사람이 밤새도록 연구해 그 가격을 몇십만 원대로 낮추었다면 그것이 바로 하나님의 일이다.

이처럼 그리스도인의 삶은 돈을 버는 수단이 아니라 사람을 섬기는 수단이 되어야 한다. 그리스도인들은 무슨 일을 하든지 사람을 섬겨야 한다. 열심히 살아야 한다. 성공이나 출세를 통해 사회에 영향력을 미치려고 하는 것이 아니라 열심히 사는 것을 통해 얻은 열매를 가지고 이웃을 섬겨야 한다.

이 부분에서는 나도 목사로서 하나님 앞에 죄송한 것이 있다. 나는 한때 큰 교회 목사가 되기를 원했다. 목사 안수를 받은 후, 나는 일본에서 선교사로 활동했다. 10년 동안 교회에 나오는 대학생이 다 합쳐 25명이었다. 그나마 많이 출석하면 15명 정도였다. 지금은 상하이에서 목회하는데, 주일에 출석 교인이 3,000명 정도다.

그때 일본 선교사 엄기영과 지금 3,000명 담임 목회하는 엄기영이 무엇이 다를까? 성도가 3,000명이면 더 쓰임 받고 25명이면 덜 쓰임 받는 것일까? 목사로서 내가 추구하는 본질은 복음을 전파하고 말씀을 통해 양육하여 하나님의 사람으로 살아가도록 하는 것이다. 유명한 목사, 큰 교회 목사가 되는 것이 내가 좇아야 할 삶의 방향이 아니다. 그런데도 인간의 죄성으로 인해 한 사람의 귀중함을 자꾸만 잊고 만다.

단 한 사람의 영혼이라도 구원하기 위해 설교 준비를 더 철저히 하고, 책을 더 보고, 노력해야 한다. 예배 전에 간절히 기도하는 이유도 설교를 들은 성도에게서 말씀 듣고 은혜받아서 좋았다는 말을 듣고자 함이 아니라, 하나님의 말씀을 듣는 성도들의 마음이 열려 주의 말씀이 옥토에 뿌려져 열매 맺기 위한 것이다. 설교를 잘하는 목사가 되기 위해 기도하는 것이 아니다. 성도의 영혼을 사랑하는 마음으로 중보해야 한다.

제대하고 복학했을 때, 학교에 어떤 신학생이 있었다. 그는 결핵을 앓았는데, 오래 앉아 있으면 어깨가 너무 아프다고 했다. 한여름, 에어컨 시설도 좋지 않은 도서관에서 아픔을 참아 가며 공부하던 그가 나에게 이런 말을 했다.

"형, 나는 영어 단어 하나 외울 때마다 내가 외운 이 지식으로 영혼들을 섬길 수 있다는 생각을 해."

그 말을 듣는 순간, 얼마나 큰 도전을 받았는지 모른다. 지금 그는 요한계시록 주석을 탁월하게 쓴 실력 있는 신학자가 되었다.

이처럼 우리는 모든 삶의 영역에서 하나님의 통치를 받고 열심을 다해 그분을 높여야 한다. 하나님의 주권 속에서 성실하게 열심히 살아가는 것이 우리의 삶이다. 우리 삶은 일단 고지를 점령한 뒤 그 힘을 가지고 무엇을 그리는 것이 아니다. 그리스도인의 삶은 '태도'여야 한다. 하나님을 향해 최선을 다하는 것이 우리 삶의 자세이자 동기여야 한다.

어떤 이는 이 땅에서 영향력을 크게 미칠 위치에 오르고, 돈을 많이 모을 수도 있다. 반면 어떤 이는 부족한 능력으로 낮은 곳에 처할 수도 있다. 하지만 세상 어떤 기준도 그리스도인 된 우리의 가치를 저울질할 수 없다. 성도 수가 25명이 되었든지 3,000명이 되었든지 나는 나일 뿐이다.

오늘의 성실함이 인정받을 수도 있지만, 끝까지 무명으로 남을 수도 있다. 아무도 몰라준다 할지라도 하나님 나라를 성실하게 섬겨야 한다. 주목받는 역할이 아니더라도 하나님 나라를 위해 사는 것이 신앙이고 성숙이다. 주어진 환경에서 맡은 바 일을 묵묵히 하면 된다.

돈 많고 성공한 사람 사이에서 상대적 빈곤감을 느낄 수 있다. 패배의식과 열등감에 사로잡힐 수 있다. 그런데 가난하고 못 배우고 못생겼더라도 하나님 안에서 실패작은 없다. 하나님은 우리 모두를 걸작품으로 만드셨다. 내가 걸작품이다.

오늘 이 세상에서 쓰임을 받는다고 해서 그를 특별히 더 사랑하시는 것이 아니다. 하나님은 내게 별로 관심이 없고 나를 덜 사랑하신다는 생각을 과감히 떨쳐 버리자.

● 하나님을 위해 구겨지는 인생을 살 수 있는가?

모세가 언제 이스라엘 사람들을 인도했는가? 왕자로 있을 때가 아니다. 그는 애굽 사람을 죽이고 도망을 쳤다. 애굽 사람을 죽이기 전까지는 어쩌면 내심 이스라엘 백성을 언젠가는 구원해야겠다고 마음먹었을지도 모른다. 그러나 40년 동안 광야에서 생활하면서 그는 다 포기했다. 목동 할아버지로 전락했다. 그런 모세를 하나님이 다시 불러 사명을 주신다.

그런데 모세는 자신이 그런 사명을 감당할 수 있는 존재가 아니라고 여긴다. 그런 모세를 불러 세우기 위해 모세를 얼마나 놀라게 하시는가?

지팡이를 던져 뱀이 되게 하고, 문둥병이 들게 하고 다시 또 낫게 하고…. 그렇게 모세를 억지로 광야에서 끌어내 이스라엘 백성을 맡기셨다.

그런데 가나안도 못 들어가게 하시고는 이제 네 임무는 다 끝났다고 하신다. 세상 표현을 빌리면, 모세의 팔자는 그야말로 사납다. 태어나 얼마 안 있어 엄마에게서 떨어져 나일 강에 버려졌다. 왕자로 살다가 광야로 도망가 40년 동안 이름 없는 목동으로 살았다. 늙어서 이스라엘 백성을 애굽에서 탈출시키는 지도자가 되었지만, 정작 자신은 가나안 땅에 들어가지 못했다.

모세의 인생은 어찌 보면 약 200만 명의 이스라엘 백성 때문에 자신의 의지와 관계없이 구겨진 인생이었다. 그 가운데에는 성경에 이름도 제대로 안 나오는 무명의 사람들이 대부분이다. 그 무명의 사람들을 하나님의 백성이 되게 하시기 위해 하나님은 모세의 인생을 사용하셨다. 모세는 그 무명의 사람들이 하나님이 여호와인 줄 알게 하려고 자기 인생을 기꺼이 희생했다.

다윗도 언제 자기가 왕이 되겠다고 했던가? 아버지도 다윗이 왕이 될 재목이 아니라고 생각해 부르지도 않았다. 그런데 그에게 기름이 부어졌다. 무명의 이스라엘 백성에게 하나님이 왕인 줄을 알게 하려고 하나님은 한 사람의 인생을 사용하셨다. 세례 요한도 주의 길을 예비하는 자로서, 신랑의 친구로서, 자신의 사명을 감당하다가 참수형으로 인생을 마감했다.

세상은 영웅을 중심으로 역사를 쓴다. 그래서 모세와 다윗, 요셉을 우리 앞에 영웅으로 놓고 따르라 한다. 그러나 하나님 앞에 큰 자였던 세례 요한처럼 되라는 설교는 별로 없다. 숱한 고생을 하더라도 끝에 가서는 행복해지는 말씀을 사람들이 환영하기에 요셉의 예를 많이 든다. 고생하다가 나중에 총리가 되는 요셉이 사람들한테 동기 부여하기 좋은 사례이기 때문이다.

하나님께서 모세와 다윗, 요셉의 삶을 사용하신 이유는 무엇인가? 무명의 이스라엘 백성 때문이었다.

"내가 너희를 정말 사랑해. 내가 너희 여호와임을 알게 해 주겠다."

이것을 위해 모세, 다윗, 세례 요한, 바울과 같은 사람들의 인생을 구기셨다. 높은 위치에 올랐다면, 그 다음은 무명의 백성이 여호와를 알도록 구겨지는 인생도 기꺼이 감수해야 한다. 그리하여 누군가가 하나님의 사랑을 알고 여호와인 줄 안다면 그걸 복으로 여겨야 한다.

성경 속 인물을 영웅으로 보는 우리의 관점이 세속적이어서는 안 된다. 하나님은 그들에게 하나님의 일을 맡기셨고, 그들은 부르심에 성실했다. 우리는 그들이 하나님의 마음에 합한 자로서 순종했음을 본받으면 된다. 그들 모두 무명의 이스라엘 백성을 위해 존재했음을 기억해야 한다. 주인공은 그 무명의 사람들이다.

티베트나 아프리카 오지에 살면서 현대 문명의 혜택을 받지 못하고 사는 한 영혼을 사랑하시기에 자기 인생을 구길 선교사를 보내신다. 그 한 사람을 위해 자기 인생을 기꺼이 쏟아 부을 사람을 원하신다.

그러므로 우리는 세계 속에 파묻혀 있는 소수 민족에게 기꺼이 가서 하나님의 사랑을 전파해야 한다. 한 영혼이 주님을 알았다는 사실을 진심으로 기뻐하며 사는 사람이 성숙한 그리스도인이다.

"하나님이 세상을 이처럼 사랑하사 독생자를 주셨으니 이는 그를 믿는 자마다 멸망하지 않고 영생을 얻게 하려 하심이라"(요 3:16).

"그가 우리를 위하여 목숨을 버리셨으니 우리가 이로써 사랑을 알고 우리도 형제들을 위하여 목숨을 버리는 것이 마땅하니라"(요일 3:16).

2. 신앙생활은 주님과 교제하는 삶이다

신앙생활은 왕 되신 하나님과 교제하는 삶이다. 나를 다스리시는 그분과의 사귐이다. 공적인 사귐을 공동체 예배, 혼자만의 사귐을 'Quiet Time'이라고 한다.

"너희를 불러 그의 아들 예수 그리스도 우리 주와 더불어 교제하게 하시는 하나님은 미쁘시도다"(고전 1:9).

우리의 인격이 주님의 인격을 만나야 한다. 주님과의 인격적인 만남없이 단지 교회 활동에만 치중하면, 자칫 신앙생활이 종교 생활로 전락할 수 있다.

그렇다면 하나님을 어떻게 만날까? 어느 날 갑자기 주님의 음성이 들리고 "앞으로 한 발 가거라, 뒤로 두 발, 옆으로 세 발, 눈을 뜨면 내가 있다." 이렇게 말씀하실까?

하나님은 이런 식으로 나타나지 않으신다. 물론 실제 음성이 들릴 수 있다. 하지만 이는 보편적인 방법이 아니다. 하나님의 음성은 주님의 말씀을 통해서 들을 수 있다.

이 같은 교제를 위해 하나님은 우리에게 성령님을 보내주셨다. 성령님 없이 우리는 하나님과 교제할 수 없다. 성령께서 우리를 진리 가운데 인도하신다. 하나님은 성경을 통해 자신을 계시하셨다. 따라서 우리가 하나님의 음성을 듣고 그분과 교제를 나누려면 성령의 도우심으로 성경을 읽어야 한다.

성경은 하나님이 어떤 분이신지 객관적으로 보여 준다. 우리의 신앙이 이 말씀 위에 세워져 있지 않으면, 현상적인 기적과 신비주의에 빠질 수 있다. 물론 기독교에는 신비적인 요소가 많다. 하지만 기독교는 신비주의가 아니다.

성경 속에서 하나님을 좀 더 알기 원한다면, 다른 번역본을 읽을 수도 있다. 그리고 히브리어와 헬라어로 된 성경을 볼 수 있는 분들의 도움을 받을 수도 있다. 또 단어 뜻을 알기 위해 성경사전도 찾아봐야 한다. 성경 내용을 파악하려면 전체 줄거리와 문단 나누기도 해야 한다. 이처럼 성경을 읽기 위해 다양한 지적인 활동을 해야 한다.

매일 아침 성경을 묵상하는 것은 회사에 출근해 상사 앞에 결재서류를 두는 것처럼 하루를 시작하기 전에 하나님 앞에 내 삶을 의뢰하는 시간이다.

성경을 앞에 두고 이렇게 기도하자.

"주님, 새로운 하루를 주신 것을 감사합니다. 오늘도 성령을 통해 나에게 하시는 말씀을 듣게 하시고 주님 안에 있기를 원합니다. 오늘도 제 마음의 초점을 주님 앞에 두겠습니다."

그리고 성경을 소리 내 읽기도 하고, 정독하기도 하고, 단어 뜻을 알기 위해 사전도 찾아보고, 문맥도 살펴서 하나님 예수님 성령님이 어떤 분이신지 관찰, 해석, 적용이라는 지적 행위를 해야 한다. 과거 2천 년 전 말씀하셨던 그 원리가 오늘을 사는 나에게 어떻게 적용되는지 관찰, 해석해 보아야 한다.

이렇게 성경을 공부하고 성경에 대한 지식을 알면 알수록 하나님과의 교제는 더 풍성해진다. 성경에 대한 지식이 부족하면 그만큼 교제할 때 잘 모르는 부분이 생긴다. 그래도 주님과 교제하는 데는 충분하며, 만족할 수 있다.

엄마는 태어난 지 6개월도 안 된 아기와도 대화하고, 다섯 살짜리 아이와도 대화할 줄 안다. 초등학교 5학년 아들과도 말하고, 시집 간 딸하고도 말할 수 있는 게 엄마와 자식 사이다.

마찬가지로 우리가 하나님에 대해 조금밖에 몰라도 충분히 만족할 수 있다. 하나님이 우리 수준에 맞추어 교제하시기 때문이다. 그러나 성경의 지식을 객관적인 논리와 원리로써 바르게 알아 갈수록 더 풍성한 주님과의 교제를 이루어 갈 수 있음을 명심해야 한다.

3. 신앙생활은 성령의 인도함을 받는 삶이다

주님과의 교제는 한 번에 되는 것이 아니다. 평생에 걸쳐 지속적으로 이루어진다. 그런데 우리는 주님과의 교제에 너무 기대하는 것이 많다.

"기영아, 내가 너를 사랑한다. 내가 너와 함께할 것이다"라는 약속 앞에 "하나님 어떡하죠, 제가 대학원을 갈까요, 유학을 갈까요, 어떻게 할까요?"처럼 현실 문제에 대한 구체적인 하나님의 인도하심을 기대한다.

주님은 어떻게 말씀하실까? 놀랍게도 우리의 생각과 방향을 얼마나 존중하시는지, 스스로 결정하기를 원하신다.

하나님은 신비적인 인도하심만이 아니라 이성적 사고와 보편적인 상식으로 우리를 인도하신다. 우리는 성령의 다스림 속에서 스스로 판단하고 결정할 수 있다. 자신이 결정하는 것이 주님의 뜻일 수 있다. 물론 그 결정을 내리기 전에 철저하게 주님 앞에 무릎을 꿇어야 한다.

"주님, 주님의 인도하심을 받기 원합니다. 주님의 뜻이 이루어지기를 원합니다. 제 마음과 제 생각과 제 환경을 다스려 주십시오. 주님 어떻게 하기를 원하십니까? 제가 주님 앞에 순종하겠습니다. 저를 다스려 주시고 제 생각과 마음을 주관하실 주님을 기대합니다. 예수님의 이름으로 기도합니다. 아멘!"

이렇게 기도하며 전적으로 주를 신뢰한다. 때로는 책을 보고, 사람을 만나고, 그 문제를 생각해 본다. 그 과정에 성령께서 개입하신다는 사실을 믿고 말이다. 성령님은 우리가 인식할 수 있는 것으로 우리에게 말씀하신다.

물론 우리 머릿속에서 일어난 생각이 자기 생각일 수 있고, 성령님의 생각일 수도 있다. 성령님의 생각인지 내 생각인지 지혜롭게 분별하는 사람이 성숙한 사람이다.

이것은 하루아침에 이뤄지지 않는다. 성령 안에서 주님과의 깊은 사귐을 통해 점점 발전해 간다.

어떤 경우에는 주님의 말씀을 음성으로 듣는 은사가 있을 수 있다. 기도하는 가운데 환상과 꿈을 통해서 들을 수도 있다. 상담을 통해 주시기도 한다. 성경을 읽으면서 관찰과 적용을 통해 얻어지는 깨달음이 하나님의 말씀일 수 있다.

이렇게 하나님은 그 사람의 환경에 따라 여러 방식으로 인도하신다. 하나님의 특별한 섭리나 은사를 지혜롭게 분별함으로 자신을 주님 안에서 형성해 가야 한다. 하나님 앞에서 다스림을 받고 교제하는 가운데 주님의 음성을 듣고 주님을 알아 가는 과정을 거듭하다 보면, 나를 인도해 가시는 주님의 방식을 알 수가 있다.

중요한 것은 기꺼이 주님의 뜻에 순종하겠다는 우리의 기본자세다. 그 기본자세가 있다면 어떤 식으로든지 주님이 우리 삶을 인도해 가시는 것을 알 수 있다. 주님이 내 삶에 역사하시고 관여하시고 간섭하시기 때문에 우리는 인생에서 만나는 결정 앞에서 담대해질 수 있다. 어떤 결정을 앞두고 전전긍긍하는 이유는 주님을 전적으로 믿지 못하기 때문이다.

"이게 주님의 뜻이 아니면 어떻게 하지?"

잘못 결정하면 실패할까 봐, 실패하면 손해 볼까 봐, 손해 보면 내 인생이 망가질까 봐 결정하지 못하는 것이다. 주님의 영광 때문이 아니라 내가 잘못될까 봐 불안해 결정 못하는 것이지, 정말 주님의 뜻 때문에 고민하는 것이 아닐 때가 많다.

정말 주님의 뜻을 찾는다면, 주님을 전적으로 신뢰하면서, "주님 인도해 주세요"라고 기도하며 자신이 결정한다. 자신의 인생 전체를 주님이 인도한다는 것을 믿기 때문에 그것이 가능하다.

지적인 활동과 성령의 지배 속에서 전인격적으로 말씀의 사람으로 사는 것이 성숙한 사람이 되는 길이다. 그래서 예수님을 잘 믿는 사람은 인격적으로 성숙해진다. 종교적 행동이나 열정, 경력, 직분의 위치 등이 성숙의 잣대가 아니라, 얼마나 깊게 성령의 인도함을 받는 삶을 사는지가 신앙의 성숙을 가늠하는 척도이다.

4. 신앙생활은 하나님을 알아 가는 삶이다

성경을 한 문장으로 요약하면, '나는 너의 하나님이 되고, 너희는 나의 백성이 되리라' 이다. 우리 구원은 하나님에서 시작했다. 그 이전 우리는 하나님에게 아무런 관심도 없었다. 우리는 철저하게 반하나님적 성정을 지녔다. 하나님을 등진 채 자신이 하나님인 것처럼 자기 마음대로 살았다. 그런 우리 인생에 하나님이 찾아오셨다. 그런 면에서 신앙생활은 하나님을 알아 가는 삶이다. 요한복음은 영생을 이렇게 설명한다.

"영생은 곧 유일하신 참 하나님과 그가 보내신 자 예수 그리스도를 아는 것이니이다"(요 17:3).

예수 믿고 천국에 들어가 영생하는 것은 생물학적 목숨의 연장이 아니다. 영생은 하나님을 알아 가고 하나님을 누리는 삶의 연속이다. 지식적 앎이 아니라 경험적 앎이다. 하나님을 아는 만큼 우리 삶은 풍성해질 것이다. 하나님의 성품 안에 있는 그 부유함과 넉넉함을 누릴 수 있게 된다.

죄의 저주와 형벌로 사망의 길을 가면서도 그 길이 죽음의 길인 것조차 알지 못한 채 가던 우리다.

하나님은 그런 우리를 먼저 짝사랑하셨다. 짝사랑이 얼마나 힘든가? 스쳐만 가도 내 가슴이 쿵쾅쿵쾅 뛰어 힘든데, 상대방은 신경도 쓰지 않는다. 사람을 짝사랑하는 마음도 그러한데 하나님은 그것보다 더 큰 사랑으로 우리를 사랑하신다.

하나님은 짝사랑의 명수이시다. 우리를 향해 온 마음을 열고 일방적으로 사랑하신다. 성탄절은 그 사랑을 증명하기 위해 하나님께서 당신의 심장을 꺼낸 날이다. 사랑을 전하기 위해 하나님의 심장과 같은 예수님을 이 땅에 보내셨다.

왕이신 예수님을 구주와 주님으로 영접하고 그분의 다스림에 순종하며 성령 안에서 하나님을 알아 가는 영생의 축복이야말로 엄청난 축복이다. 가인의 문화에서 사는 우리는 인생에서 필요한 모든 것을 스스로 공급해야 한다. 그런데 하나님은 우리 인생의 공급자가 되시기 위해 당신을 신뢰해 주기를 원하신다.

하지만 우리는 그 사실을 자꾸 의심한다. 설령 믿는다 해도 마음 한편에서는 하나님이 우리를 사랑하지 않는 것 같은 의문이 고개를 든다. 우리에게 관심도 없는 것 같고, 우리를 데리고 무엇을 하실까 하는 의구심이 든다.

사단은 이런 의심을 불어넣어 우리를 속인다. 하나님은 우리가 잘나서 이용하려고 선택하신 것이 아니다. 전능하신 하나님께서 하찮은 인간의 능력이 필요해서 당신의 심장인 예수를 꺼내셨겠는가? 하나님은 이유와 조건 없이 우리를 사랑하셨다. 일방적이다. 그런데 끈질긴 죄성 때문에 우리는 그 하나님을 믿지 못한다.

교사 임용고시를 준비하는 한 청년이 기도했다.

"하나님, 저 이번 임용고시에 꼭 붙게 해 주세요."

그런데 만약 이 기도의 진짜 동기가 평생 먹고살 걱정 없는 안정된 직업만을 생각한 것이라면, 하나님을 참으로 신뢰해서 드린 기도는 아니다. 하나님께서 우리가 평생 쓸 것을 공급하고 책임지겠다고 하시지 않는가?

물론 청년 실업이 심각한 이 시대에 평생 걱정 없는 직장은 중요하다. 하지만 먼저 직업을 통해서 우리에게 무엇을 기대하시는지 하나님의 뜻을 생각해야 한다.

그러나 우리는 하나님 나라를 위해 가장 나다운 길이 무엇인지 찾기보다는 세상에서 안정이 보장된 직장을 찾고, 좀 더 조건이 좋은 배우자를 찾는 데 열을 올린다. 이것은 하나님을 참으로 믿지 못하기에 생기는 모습이다. 믿음이 없이는 하나님을 결코 기쁘게 하지 못한다.

우리의 작은 신음에도 응답하시는 하나님을 믿고 알아야 한다. 우리 자신보다 우리를 더 사랑하시는 분이 하나님이시다. 영생은 아버지와 그가 보내신 자, 예수 그리스도를 아는 것이다. 그분의 부유함을 계속 알아 가면 신앙의 넉넉함도 갖추어진다. 삶에서 풍성함과 행복을 누리지 못하는 것은 그분을 잘 모르기 때문이다.

내 아내는 결혼 생활 25년을 통해 내가 어떤 사람인지를 내면적이고 경험적으로 깊게 이해하고 안다. 하나님을 아는 것도 이와 같다. 단순한 신학적 지식이 아니라 성경의 울타리 안에서 경험적으로 하나님을 알아 가는 것이 신앙생활이다.

사도 바울은 그가 경험한 하나님을 이야기했다. 바울은 복음을 전파하는 가운데 몇 번이나 죽을 고생을 하면서도 그리스도의 사랑이 자신을 강권한다고 했다. 그리스도의 사랑이 자신을 그렇게 살도록 했다고 했다.

누군가 내게 내가 경험한 하나님에 관해 묻는다면, 나는 주저 없이 말할 수 있다. 내게 하나님은 오래 참으시는 분이시다. 나 같으면 도저히 참을 수 없을 텐데 하나님은 끝까지 참으셨다. 오래 참으신 하나님의 사랑이 마침내 나도 하나님을 사랑하도록 이끌었다. 위협하고 강요해서 무서워 억지로 믿는 게 아니라 오직 사랑으로 성숙의 자리에 나오기까지 오래 참으셨다.

이 사랑이 아니면 목사로 살 수 있을까? 얼마나 많은 사람이 자기

관점, 자기 방식, 자기 생각을 내세우는지. 옷을 잘 입으면 사치스럽다 하고, 잘못 입으면 감각이 없다고 한다. 밥을 많이 먹으면 게걸스럽다 하고, 적게 먹으면 까다롭다고 한다. 설교를 길게 하면 요약정리 못한다 하고, 짧게 하면 실력이 없다고 한다.

그럴 때 목사로 살기 힘들다고 투덜대면, 주님은 "내가 너를 얼마나 사랑하는지 알지? 너를 얼마나 오래 참아 주었는지 기억하지?" 하셨다. 그러면 다시 돌아가 주님처럼 그들을 끌어안고 사랑하는 수밖에 없었다. 주님도 나를 그렇게 사랑하고 오래 참아 주셨기 때문이다.

주님은 "수고하고 무거운 짐 진 자들아 다 내게로 오라 내가 너희를 쉬게 하리라"고 말씀하셨다. 우리는 그 말씀에 의지해 무거운 인생의 짐을 내려놓고 예수님의 평안을 누리게 되었다. 그런데 종교적이고 율법적인 신앙생활은 우리에게 무거운 짐을 올려놓았다.

"교회 빠지면 안 된다. 성경공부 빠뜨리면 안 된다. 새벽기도 나와라. 심야기도 나와라. 죄지으면 안 된다. 헌금해라."

주님은 우리가 무릎을 꿇는 순간, 우리를 일으켜 세우시면서 주님을 아는 특권과 보장과 축복이 무엇인지 알아 가도록 하셨다. 그 축복이 얼마나 풍성하고 자유로운지 주님과의 교제를 통해 알고 경험하게 하셨다. 무거운 짐을 진 우리에게 종교적 굴레를 씌우지 않으셨다. 자유의 풍성함을 주신다고 하셨다.

신앙생활은 '행함'(doing)이 아니라 '됨'(being)에 강조점이 있다. 주님의 자녀로서 새로 얻은 성품과 인격 속에서 하나님을 알아 가며 하나님 자녀다워지고 하나님께서 주신 특권과 축복, 보장을 알고 경험하는 것, 그것이 신앙생활이다.

5. 신앙생활은 일원론적 삶이다

하나님의 다스림은 삶의 전 영역에서 나타난다. 참된 경건은 다양한 영역에서 하나님의 다스림에 순종하는 인간이 되는 것이다. 성경적 가치관과 사고방식으로 주님의 뜻을 분별하는 것이다. 직업과 부르심에 성(聖), 속(俗)이 있는 것이 아니라 어떻게 사느냐에 따라 성(聖)과 속(俗)이 나누어진다. 이것이 일원론적 삶이다.

십일조도 마찬가지다. 이원론적인 사고방식으로 보면 십분의 일이 하나님 것이고 십분의 구는 내 것으로 생각하기 쉽다. 그러나 십분의 십이 다 하나님의 소유다. 십분의 십이 하나님의 다스림 아래 있기에 십분의 구를 내 마음대로 쓰는 것이 아니라 주의 다스림 아래 정신 차리고 사용해야 한다.

먹는 문제가 해결된 사람은 잉여자산을 철저하게 주님 앞에 드리는 삶을 살아야 한다. 잉여자산을 그저 쌓아 놓고는 거기에서 안정감을 얻는다면, 그것이 바로 우상을 섬기는 것이다. 하나님과 재물을 겸하여 섬길 수 없다. 안정감과 보장은 오직 하나님으로부터 받아야 한다.

우리는 일주일에 칠분의 일을 할애하여 주일은 주의 날로 구분하고 나머지 월요일부터 토요일은 주님의 다스림을 받으며 살아가야 한다. 이것이 일원론적 사고방식이다. 돈벌이는 세상일, 교회 일은 주님 일인가? 주님의 다스림이라는 개념이 없다면, 우리 신앙은 이원론적 사고방식에 빠질 수밖에 없다. 교회 생활은 선하고 하나님이 기뻐하시지만, 직장이나 학교 일은 세상적이라고 구분하는 것은 이원론적 사고방식이다.

성경 보고 기도하는 것은 영적 활동이고, 학교 생활과 직장 생활, TV 보고 사람들 만나 어울리는 것은 세상일이라는 이원화된 생각이 한때 교회 가운데 있었다. 그래서 주일은 오직 주님의 일만 하는 날이고 월요일부터는 세상일을 한다고 생각했다.

이는 잘못된 생각이다. 신앙생활은 모든 삶의 영역에서 주님의 다스림을 받는 생활이다. 그런데 이원론적으로 생각한다면, 주일은 교회에서 주님의 다스림을 받다가 월요일부터 토요일은 주님 없이 산다는 말이 된다. 월요일부터 학교에 가든 직장에 가든 나 혼자가 아니라 주님도 함께 가신다. 따라서 이 모든 일은 주님 안에서 영적인 일이 될 수 있다.

공부도 주님의 다스림을 받아서 하고, 공부를 통해 내가 쓰임 받을 인생의 진로가 결정되면 그것도 주님의 일이 된다. 그런데 주님 없이 공부를 통해 자기 인생을 스스로 무장하고 강화하려 한다면 그것은 세상일이다.

친구를 만나 전도하다 보니 수업 시간을 넘겼다. 전도는 하나님의 일이고 수업은 세상일이니 수업에 빠져도 될까? 주님의 다스림을 몰랐다면 아마 그 수업에 빠졌을 것이다. 주님의 다스림을 받으면 공부도 주님의 일이다. 공부도 주님을 섬기듯 해야 한다. 때로 전도를 위해 수업을 포기해야 할 때도 있다. 반대로 전도를 다음으로 미루고 수업에 들어갈 수도 있다. 이 모든 일에 주님의 다스림을 받는 것이 성도의 자세이다.

직장 생활도 주님의 다스림을 받아야 한다.

"주님, 출근했습니다. 오늘도 하는 일을 통해 주님의 주님 되심을 드러내기를 원합니다."

이런 마음 자세로 일해야 한다. 만약 회사 사장이 불교 신자인데 돈 벌어서 불상 만드는 데 사용한다고 하자. 그러면 어떻게 그 일이 주님을 위한 일이 될 수 있는지 반문할 것이다. 경제는 생산과 유통 과정 중에 많은 관련자가 있고 이윤이 붙는다. 농사꾼이 자기가 땅을 일구어 농사를 지었다고 쌀을 만든 사람일까? 과정 중 한 사람일 뿐이다. 쌀의 원천은 하나님이시다. 하나님께서 땅으로부터 주시는 것이다.

마찬가지로 우리가 경제 활동으로 얻는 수많은 중간 과정에 불교 신자, 이슬람 신자, 무신론자가 있다. 우리는 모든 일을 주께 하듯 주님 앞에서 그 일들을 성실하게 하면 된다. 그래서 월급 받는 직장에서 업무 시간에 성경을 읽는 행위는 부적합하다. 회사일 하라고 월급을 준 거지 업무 중에 성경을 보라고 월급을 준 것이 아니다. 물론 일찍 출근해 QT를 하거나, 점심시간을 활용할 수는 있다.

에베소서는 상전들에게 주께 하듯 하라고 가르친다. 당시 성도들 가운데 귀족의 시중을 드는 하층계급이 많았다. 그런데 귀족 가운데 걸핏하면 파티를 열어 술 마시고 방탕한 생활을 일삼는 이들이 많았다. 그런 귀족의 시중을 드는 일도 주님을 섬기듯이 하라는 것이다. 그 사람들이 주인이라서가 아니다. 우리가 하는 모든 일이 주님의 다스림 앞에서 성실하게 행해야 하는 일원론적 사고를 말씀하는 것이다.

철수가 영희와 연애를 한다. 세상일인가, 주님의 일인가? 연애도 주님의 다스림을 받아야 한다. 따라서 입맞춤도 맘대로 하면 안 된다. 이성 교제를 세상일처럼 생각하기 때문에 성적이고 감정적인 욕구에만 끌려가는 것이다. 지금 이성을 만나는 그 자리에도 주님이 동행하신다.

우리의 신앙이 성숙하지 못한 것은 모든 영역에서 주님이 함께한다는 생각을 하지 않기 때문이다. 우리가 주일에 TV 코미디 프로그램을 보는 것도 세상일이 아니고 내 안에 계신 주님과 함께하는 일이다. 여가 활동도 주님 안에서 행해져야 한다. 배낭여행도 주님과 함께하는 일이다.

일원론적 사고는 부부생활 영역까지 가야 한다. 부부가 성생활을 하는 것이 주님의 일인가, 세상일인가? 부부가 잠자리를 같이할 때, "주님은 옆방으로 가세요" 하는가? 부부생활에 주님이 있다는 사실을 인식하지 않으면, 성을 감각적인 쾌락으로만 생각할 수 있다.

부부생활이 소중하기에 서로를 안고 감사기도를 드릴 수 있어야 한다.

"주님, 제게 사랑하는 아내를 주셔서 감사합니다. 제 마음을 다해 아내를 사랑하기 원합니다. 우리가 주님이 기뻐하시는 부부가 되기를 원합니다."

그럴 때 서로가 전인격적으로 서로를 받고 한 몸을 이루게 된다.

이런 일원론적 생각이 우리 삶의 모든 영역에서 드러나야 한다. 한국 교회가 교회 생활과 사회생활이 다르다는 비난을 받는 이유가 무엇인가? 이중적인 모습 때문이다. 예수 안 믿는 사람들과도 잘 어울리고, 예수 믿는 사람들과도 잘 어울렸다. 그런데 대학을 다니고 직장 생활하는 동안 아무도 그가 그리스도인인지 몰랐다면 그건 자랑이 아니다. 그것은 그의 삶을 통해 그리스도가 나타나지 않았다는 것이다. 모든 삶의 영역에서 우리가 그리스도인임이 드러나야 한다.

6. 신앙생활은 하나님의 영역 주권을 인정하는 삶이다

"이는 만물이 주에게서 나오고 주로 말미암고 주에게로 돌아감이라 그에게 영광이 세세에 있을지어다 아멘"(롬 11:36).

바울은 로마서에서 모든 만물이 주님에게서 나오고 주님에게로 돌아갈 것이라고 언급한다. 하나님의 열심이 이를 반드시 이루실 것이다(사 9:7 참조).

따라서 우리는 정치, 경제, 문화, 예술, 과학, 언론, 미디어, 스포츠 등 모든 삶의 영역에 걸친 직업과 노동이 하나님의 다스림 가운데 있다는 것을 인정해야 한다.

하나님의 영역 주권이란 모든 삶의 영역에서 하나님의 주권을 인정하며 하나님을 하나님 되게 하는 것이다. 모든 만물이 주님에게서 나오고 주님에게로 돌아가는 하나님의 절대적 주권은 오늘날 우리에게도 적용되는 말씀이다. 우리는 맡겨진 직업에서 소명의식을 갖고 하나님을 높이는 삶을 살아야 한다.

오늘날 가인의 문화에서 하나님보다 높아진 모든 사상과 가치를 예수 그리스도 앞에 무릎 꿇게 하고, 주님께만 영광 돌리도록 각각의 현장에서 최선을 다해야 한다. 직업은 성공의 수단이 아니라 이웃을 섬기는 방편이자 하나님 나라의 다스림이 확장되도록 하는 통로다.

이런 면에서 선교로서의 기업(Business as Mission)은 통합적인 삶이 요구된다. 신앙과 삶, 복음과 빵, 앎과 실천, 증거와 행함이 동시에 나타나야 한다. 가난하고 소외된 이들의 삶을 생각하고, 고용을 창출하고, 부의 아름다운 분배에 기여해야 한다. 이것이 선교적 교회의 선교적 삶이다. 세상의 잘못된 인간 사회와 조직구조, 체계 그리고 자연환경까지 하나님의 회복하심과 온전케 하심이 선으로 나타나도록 헌신하는 것이 그리스도인의 삶이다.

세계적인 피겨스케이트 선수 김연아가 금메달을 따기 위해 흘린 땀이 얼마나 될까? 여왕으로 등극하기 위해 수도 없이 넘어지고 땀을 비 오듯 흘리며 훈련했을 것이다.

　우리의 신앙생활도 저절로 성장하지 않는다. 하나님은 우리를 다이아몬드처럼 영롱한 성품으로 만드셔서 주님의 신부로 삼으신다. 때로 그냥 다이아몬드로 남기시기도 하지만, 어떤 때는 다이아몬드가 되기 전의 석탄으로 우리를 빚으실 때가 있다. 그러고는 열을 가하시어 다이아몬드로 만드신다. 고통스럽다. 그러나 이것이 축복이고 또한 우리의 신앙생활이다.

내가 선 곳,
거룩한 땅

너희는 이 세대를 본받지 말고
오직 마음을 새롭게 함으로 변화를 받아
하나님의 선하시고 기뻐하시고 온전하신 뜻이
무엇인지 분별하도록 하라

PART 3

거룩한
땅에서의
자유

내가 선 곳
거룩한 땅

5

율법으로부터의
당당한 자유

: 성령을 좇아 살아가라

하나님 나라의 시민이 갖는 특권은 '당당한 자유'다. 율법으로부터의 자유, 죄의식과 죄책감으로부터의 자유, 열등감으로부터의 자유, 주어진 환경과 고난으로부터의 자유가 그것이다. 또한 각 부분에서의 자유는 새로운 삶의 방향으로 나아가게 된다.

율법을 성취하러 오신 예수님

율법으로부터의 자유와 관련해 흥미로운 말씀이 많다.

"내가 율법이나 선지자를 폐하러 온 줄로 생각하지 말라 폐하러 온 것이 아니요 완전하게 하려 함이라"(마 5:17).

'완전하게 한다'는 말은 '성취하러 왔다'로 번역할 수 있다. 예수님이 이 땅에 오신 목적은 '율법을 성취하기 위해서'였다. 이어서 18절 말씀을 보자.

"진실로 너희에게 이르노니 천지가 없어지기 전에는 율법의 일점일획도 결코 없어지지 아니하고 다 이루리라."

율법과 은혜에 관해 이야기할 때, '율법은 악하고 은혜는 선하다'라고 말할 때가 있다. 이것은 큰 잘못이다. 율법은 선하고 의롭다. 단지 율법을 다 지키기가 너무나 어려운 까닭에 율법으로 의롭다 함을 얻을 수 있는 자가 없다. 율법이 나쁜 것이 아니라 율법의 의를 충족시킬 수가 없다는 말이다.

예수님은 율법을 폐하러 오신 게 아니라 그 율법이 못다 한 것을 성취하러 오셨다. 그러므로 "누구든지 이 계명 중의 지극히 작은 것 하나라도 버리고 또 그같이 사람을 가르치는 자는 천국에서 지극히 작다 일컬음을 받을 것이요 누구든지 이를 행하며 가르치는 자는 천국에서 크다 일컬음을 받으리라"(마 5:19) 하신 것이다.

율법을 행하고 가르치는 자가 하나님 나라에서 크다고 하는데, 어느 정도일까? 예수님은 "내가 너희에게 이르노니 너희 의가 서기관과 바리새인보다 더 낫지 못하면 결코 천국에 들어가지 못하리라"(마 5:20)고 하신다. 굉장하다. 당시 율법학자, 서기관, 바리새인들은 율법 조항들을 매우 철저히 지켰다. 그런데 예수께서는 그들보다 더 의롭지 못하면 결단코 하나님 나라에 들어갈 수 없다고 선언하셨다.

당시 율법은 헬라의 영향권 아래 율법학자나 장로들의 구전으로 왜곡된 부분이 있었다.

예수님은 율법의 어떤 의미가 정확하게 전달되지 못했는지 하나님 나라의 기준으로 분명하게 말씀해 주셨다. 마태복음 5장 21절에서 "옛사람에게 말한 바 살인하지 말라 누구든지 살인하면 심판을 받게 되리라 하였다는 것을 너희가 들었으나"에 이어 "나는 너희에게 이르노니"(마 5:22)라는 문장이 나오는데, 48절까지 여섯 번이나 반복된다.

21절은 '살인'에 관한 말씀이다. 살인에 대해 "나는 너희에게 이르노니"라고 말씀하시며, 예수님이 어느 정도의 수준을 요구하시는지 보자. "나는 너희에게 이르노니 형제에게 노하는 자마다 심판을 받게 되고 형제를 대하여 라가라 하는 자는 공회에 잡혀가게 되고 미련한 놈이라 하는 자는 지옥 불에 들어가게 되리라"(22절).

'라가'라는 말은 '생각이 없다, 양쪽 귀 사이가 비었다. 골 비었다'는 의미의 히브리어 욕이다. 당시 율법학자들은 '살인치 말라' 즉, 살인만 안 하면 된다는 의미로 전했다. 하지만 예수님은 하나님의 형상으로 창조된 형제를 무시하고 거부하는 것은 살인과 같다고 말씀하신다. 하나님 나라 기준으로는 하나님의 형상으로 창조된 사람이 골이 비어 아무것도 생각하지 못한다고 무시하는 것은 살인과 같다는 말이다.

두 번째는 '간음'에 관한 말씀이다. "또 간음하지 말라 하였다는 것을 너희가 들었으나"(마 5:27). 옛사람은 간음만 안 하면 된다. 그런데 예수님은 그 수준을 높인다. "나는 너희에게 이르노니 음욕을 품고 여자를 보는 자마다 마음에 이미 간음하였느니라"(28절).

살기 위해 식욕이 있어야 하듯 성욕도 필요하다. 남자가 여자를 보고도 성욕이 전혀 일지 않는다면 오히려 이상한 일이다. 하나님께서 아담과 하와를 만드시고 심히 좋았다고 하셨다. 그들의 결합으로 장차 이어 갈 믿음의 후손들을 생각하시며 참으로 흐뭇하셨을 것이다. 이처럼 성은 가정 안에서 거룩하다.

"여자를 보고 음욕을 품는 자는 간음한 자와 같다"는 말씀의 의미는 무엇일까? 여기서 '여자'는 아내가 아니므로 말씀에서 언급하는 성욕은 가정 밖 이야기다. 또한 '음욕을 품는다'는 것은 단순한 성욕이 아니라 여자를 향한 욕구가 구체적으로 발전되어 생각에서 본론까지 이어졌음을 의미한다. '섹시하다, 멋있다'라는 욕구의 본능적인 출발점이 아니라 그 본능을 머릿속에서 발전시켜 본론을 거쳐 결론까지 갔다면, 이는 육체적인 간음과 다를 바 없다는 뜻이다. 당시는 여자와 아이들은 계수하지 않던 시대이므로 성경이 남성 중심적으로 적혀 있을 뿐이지, 여자들에게도 동일하게 적용이 가능하다.

세 번째는 '이혼'에 관한 말씀이다. "또 일렀으되 누구든지 아내를 버리려거든 이혼 증서를 줄 것이라 하였으나"(31절). 모세의 율법에 따르면 남자는 아내와 헤어지고 싶으면 이혼 증서만 주면 그것으로 끝이었다. 당시 여성들은 정상적인 권리를 행사하지 못했고, 아버지나 남편, 성인이 된 아들이 있어야 사회에서 사람대접을 받았다. 고대 근동 지방은 일부다처제였던 터라 혹여 남편이 있다 해도 아내를 사랑하지 않고 방치하면 아내의 인권은 형편없이 짓밟혔다. 그럴 바에야 차라리 이혼해 주면 다른 남자에게 시집가서 보호받고 살 수 있었다. 그런 취지에서 모세는 홀대받는 아내의 인권을 위해 이혼 증서를 써 주라 한 것이었다.

그런데 부자 남자들은 이 증서를 이혼하고 싶으면 언제든 이혼해도 좋다는 허락의 의미로 악용했다. 평소 마음에 들지 않았던 아내가 빵을 굽다 실수로 태울라치면 이혼 증서를 써서 그 길로 아내를 내쫓았다. 이렇게 이혼당한 여자들이 재혼하는 경우도 있지만, 그렇게 못하는 경우에는 매춘부로 전락하는 상황이 빚어졌다. 그래서 예수께서 이렇게 말씀하셨다. "나는 너희에게 이르노니 누구든지 음행한 이유 없이 아내를 버리면 이는 그로 간음하게 함이요 또 누구든지 버림받은 여자에게 장가드는 자도 간음함이니라"(32절).

아내가 음행을 저질렀다면 이혼 증서를 쓰는 것이 합당하나 그 외에 이혼은 아내를 간음하게 하는 죄를 범하는 것이라 말씀하신다. 이같이 말씀하신 까닭은 여성의 권리를 보호하기 위해서였다.

오늘날 이 말씀을 잘못 적용해 상대 배우자가 음행했을 때는 이혼해도 된다고 받아들인다. 그런데 예수 믿는 사람은 절대로 이혼하면 안 되는가? 이것은 달리 다루어야 할 주제다. 여기서는 그리스도인의 이혼이 합당한지 아닌지가 요지가 아니다. 이혼 증서를 악용해 여자를 함부로 버리는 행위를 질타하신 것이다.

네 번째는 '맹세'에 관한 말씀이다. "또 옛사람에게 말한바 헛맹세를 하지 말고 네 맹세한 것을 주께 지키라 하였다는 것을 너희가 들었으나 나는 너희에게 이르노니 도무지 맹세하지 말지니 하늘로도 하지 말라"(마 5:33-34).

유대 사회에서 맹세는 더 큰 권위 앞에서 다짐을 받아 내는 것을 의미했다. 그래서 유대 사람들은 더 큰 권위인 성전에 양을 바치면서 맹세했다. 그런데 당시 사람들이 맹세를 하면서 재물을 잘 바치지 않자, 종교지도자들이 그것을 두고 사람들에게 헛된 맹세를 하면 안 된다고 한 것이다. 양 세 마리를 바치겠다고 했으면, 반드시 세 마리를 바쳐야 한다고 가르쳤다.

이런 것을 더 중요시했던 그들을 향해 예수님은 맹세하지 말라고 하셨다. 인간은 '정말 하늘을 두고 맹세컨대'라는 말을 할 수 있는 존재가 아니라는 말이다. 종교지도자들이 재물을 문제 삼으며 이야기했다면, 예수님은 인간의 존재가 그렇지 못하기 때문에 맹세하지 말라고 하셨다. 검으면 검다 하고, 그러면 그렇다, 아니면 아니다 정도로 우리가 지킬 수 있는 수준을 말씀해 주셨다. 그보다 지나치게 말하는 것은 도리어 악이 된다고 하셨다. 예를 들면 '내 눈에 흙이 들어가도'라든지 '손에 장을 지지겠다'는 맹세처럼 인간은 그렇게 절대적으로 확언할 수 있는 존재가 아니라는 말씀이다.

그다음은 '복수'에 관한 말씀이다. "또 눈은 눈으로, 이는 이로 갚으라 하였다는 것을 너희가 들었으나 나는 너희에게 이르노니 악한 자를 대적하지 말라 누구든지 네 오른편 뺨을 치거든 왼편도 돌려 대며 또 너를 고발하여 속옷을 가지고자 하는 자에게 겉옷까지도 가지게 하며 또 누구든지 너로 억지로 오 리를 가게 하거든 그 사람과 십 리를 동행하고 네게 구하는 자에게 주며 네게 꾸고자 하는 자에게 거절하지 말라"(38–42절).

초등학교 3학년 철수에게 부모님이 게임기를 사 주었다. 그런데 어느 날 밖에 나갔던 철수가 코피를 흘리며 울면서 들어왔다. 옆집 사는 고등학교 2학년 영호가 게임기를 빌려주지 않는다고 코를 때렸다는 것이다. 철수 부모는 "고등학교 2학년이 초등학생 코를 때렸다"며 옆집 영호를 철수가 맞은 것의 한 열 배쯤은 흠씬 두들겨 주고 싶을 것이다.

그런데 율법은 아이가 코만 맞았으므로 그 학생의 코만 때려야지 얼굴 전체를 상하게 해서는 안 된다고 한다. 이 법이 바로 '눈에는 눈, 이에는 이'라는 율법이다.

사람에게는 자신이 당한 이상으로 보복하고 싶은 죄성이 있다. 율법은 이 죄성을 막고자 한 것이며, 나아가 이 법을 제정한 이면에는 사랑이 담겨 있다. 율법이 악하거나 잘못된 것이 아니다. 보복하더라도 자신이 당한 만큼만 할 뿐 그 이상은 안 된다. 뿐만 아니라 상대방이 내 오른뺨을 치거든 왼뺨을 내밀라고 하신다. 교육적으로 가르치고자 하는 차원에서 오른뺨을 쳤다면 이때 왼뺨은 무시와 멸

시를 의미할지라도 왼뺨까지 돌려대라는 것이다.

낮과 밤의 일교차가 크기에 당시 겉옷은 생존과 같은 의미였다. 겉옷은 깔고 덮고 자는 이불 역할을 했다. 예수님이 십자가에 달렸을 때도 로마 군인들이 예수님 겉옷을 누가 가져갈까 제비뽑기를 했던 것을 기억할 것이다. 이처럼 그 시대에 겉옷은 생존권이요 재산이었다. 어떤 사람이라도 겉옷 좀 빌리자는 말은 할 수가 없었다.

그런데 예수님은 그 겉옷까지 벗어 주라고 하셨다. 예수님은 눈은 눈으로 이는 이로의 보복을 허락하지 않을 뿐만 아니라 더 나아가 왼뺨을 돌려대고, 생존권과 같은 겉옷까지도 주고, 5km를 가자고 하면 10km를 가라고 가르치셨다.

마지막으로 예수님은 "또 네 이웃을 사랑하고 네 원수를 미워하라 하였다는 것을 너희가 들었으나 나는 너희에게 이르노니 너희 원수를 사랑하며 너희를 박해하는 자를 위하여 기도하라"(43-44절)고 말씀하셨다. 율법에서는 원수는 미워해도 된다고 가르친다. 그런데 예수님은 원수까지 사랑하라고 하신다. 예수님이 말하는 수준은 대체 어디까지일까? 그 결론은 48절에 있다. "그러므로 하늘에 계신 너희 아버지의 온전하심과 같이 너희도 온전하라."

하나님 나라 윤리 도덕의 수준으로 살라는 것이다. 사람들은 현재 율법도 지키지 못해 쩔쩔맨다. 외면적인 항목의 율법도 지키기 힘든데, 예수님은 인간의 내면과 동기가 하나님처럼 온전해야 한다고 말씀하셨다. 그렇게 하지 않으면 결단코 하나님 나라에 들 수 없다고 하셨다. 그 말씀대로라면 하나님 나라에 들 수 있는 사람은 아무도 없다.

　이 말씀의 의미를 생각해 보자. 법을 만들 때 그 법을 제정하는 정신을 자연법이라 하고, 그 자연법의 정신을 구체화하는 것을 실행법이라 한다. 우리는 실행법으로 민법, 헌법, 상법을 만든다.

　그런데 당시 율법에는 실행법과 더불어 의식법이 있었다. 제사, 절기의 의식을 어떻게 하는지가 의식법이었다. 그다음은 도덕법이 있었는데, 십계명이 도덕법의 대표적인 예이다. 이렇게 율법은 율법의 정신 아래 실행법, 의식법, 도덕법이 있었다.

　그렇다면 율법의 정신인 자연법은 무엇이었을까? 마태복음 22장에서 어떤 사람이 율법 중에 어느 것이 큰지 예수님께 물었다. 그러자 예수님이 이렇게 답하신다.

"예수께서 이르시되 네 마음을 다하고 목숨을 다하고 뜻을 다하여 주 너의 하나님을 사랑하라 하셨으니 이것이 크고 첫째 되는 계명이요 둘째도 그와 같으니 네 이웃을 네 자신 같이 사랑하라 하셨으니 이 두 계명이 온 율법과 선지자의 강령이니라"(37-40).

　율법의 최고 계명이자 정신은 하나님 사랑과 이웃 사랑이다. 마음과 목숨과 뜻을 다하여 하나님을 사랑하고, 네 이웃을 네 몸처럼 사랑하라는 것이다. 그렇다면 어떻게 그 정신을 지킬 수 있는가? 이 문제를 해결하기 위해 구체적인 실행법이 등장한다.

　사람과의 관계에서 민법 형법을 만들고 거래 관계에서 상법이 만들어진 것처럼, 율법에도 하나님을 어떻게 사랑해야 하는지, 제사로 어떻게 표현해야 하는지, 이웃을 어떻게 사랑해야 하는지 구체적인 법을 만든 것이다. 역시 그 근본에 하나님과 이웃 사랑에 대한 정신이 녹아 있다.

그런데 예수님은 서기관과 바리새인 같은 종교지도자들을 향해 '회칠한 무덤과 같은 자'들이라고 강하게 책망하며 화를 내셨다. 유대 사회에서는 사람이 죽으면 야산에 동굴을 파서 그 속에 시신을 넣고 돌로 막았다. 그러고는 그 위에다 하얗게 분칠을 했다. 밖에서 보면 깨끗해 보이지만, 안에는 시신이 썩고 구더기가 득실거렸다.

당시 바리새인들이 돌무덤 밖을 분칠하듯이, 율법을 지켜서 겉으로는 의로워 보였지만, 정작 그들 마음속에는 구더기가 들끓듯이 하나님과 이웃을 향한 사랑이 없었다. 다만 법을 위해 법을 지키면서 스스로를 의로운 자라고 내세웠다. 예수님은 이런 서기관들과 바리새인들보다 더 의롭지 않고서는 결코 하나님 나라에 들어갈 수 없다고 하셨다.

새로운 삶의 방식

모든 인간은 율법의 저주를 받을 수밖에 없다. 그런데 하나님의 사랑이 나타났다. 하나님께서 새 언약을 주신 것이다.

"여호와의 말씀이니라 보라 날이 이르리니 내가 이스라엘 집과 유다 집에 새 언약을 맺으리라 이 언약은 내가 그들의 조상들의 손을 잡고 애굽 땅에서 인도하여 내던 날에 맺은 것과 같지 아니할 것은 내가 그들의 남편이 되었어도 그들이 내 언약을 깨뜨렸음이라 여호와의 말씀이니라 그러나 그날 후에 내가 이스라엘 집과 맺을 언약은 이러하니 곧 내가 나의 법을 그들의 속에 두며 그들의 마음에 기록하여 나는 그들의 하나님이 되고 그들은 내 백성이 될 것이라 여호와의 말씀이니라"(렘 31:31-33).

하나님은 예레미야 선지자를 통해 무엇을 말씀하시는가? 율법의 언약을 주었음에도 이스라엘 백성은 가나안 땅에서 그 율법을 어겼다. 하나님이 그들의 주가 되었음에도 그들이 마치 음란한 여자들처럼 여호와의 말씀을 저버렸다. 그래서 그들과 새 언약을 맺겠다고 하셨다. 그 새 언약은 그들의 마음속에 기록하겠다고 하셨다. 율법의 언약은 돌판에 기록하셨지만, 새 언약은 마음에 기록하겠다고 선언하셨다.

"또 새 영을 너희 속에 두고 새 마음을 너희에게 주되 너희 육신에서 굳은 마음을 제거하고 부드러운 마음을 줄 것이며 또 내 영을 너희 속에 두어 너희로 내 율례를 행하게 하리니 너희가 내 규례를 지켜 행할지라 내가 너희 조상들에게 준 땅에서 너희가 거주하면서 내 백성이 되고 나는 너희 하나님이 되리라"(겔 36:26-28).

우리 안에 성령이 오셔서 율례와 법도를 지켜 가도록 하시겠다는 말씀이다. 예레미야와 에스겔 두 선지자를 통해서도 알 수 있듯이, 새 언약은 모세의 언약과 크게 다르다. 돌판에 새겨진 법이 우리 마음 판에 새겨졌다.

돌판에 새겨진 법이 우리의 의지로 지키는 것이라면, 새 언약은 성령으로 지키게 하시겠다는 말씀이다. 그때까지는 백성들 안에 성령이 없었다. 이제 성령을 그 마음에 주셔야 하는데, 성령은 거룩한 영이셔서 죄와는 절대 같이 있을 수가 없었다.

기름과 물이 섞일 수 없듯이, 빛과 어둠이 공존할 수 없듯이, 거룩한 하나님의 영이 죄와 같이 있을 수 없다. 하나님의 영이 우리 안에 들어오지 못하면 우리는 하나님을 섬길 수도 없고, 하나님을 알아 갈 수도 없다.

그런데 우리는 아무리 착하게 살려고 노력해도 의로워질 수가 없는 존재이다. 인간이 의로워지는 유일한 방법은 하나님께서 우리를 깨끗하게 해 주시는 길뿐이다.

결국, 하나님께서는 우리 죄 때문에 독생자 아들 예수를 십자가에서 죽게 하시고 3일 만에 부활하게 하셨고, 그 사실을 믿을 때 우리를 의롭다 여기겠다고 하셨다. 그리스도인은 믿기에 의인으로 간주되었다. '의롭다고 간주됨'은 법적인 용어이다.

"땅땅땅! 무죄!" 우리는 그렇게 판결받았다. 이렇게 우리가 의로움을 받았기 때문에 성령이 우리 안에 들어오실 수 있다. 들어온 성령은 우리 마음 판에 새겨진 윤리와 법도를 우리로 하여금 지키게 하신다.

로마서 8장 3절에서 "율법이 육신으로 말미암아 연약하여 할 수 없는 그것을"이라고 지적한다. 인간은 육신이 연약하여 율법을 다 지킬 수 없었다. 로마서 5장 6절은 "우리가 아직 연약할 때에 기약대로 그리스도께서 경건하지 않은 자를 위하여 죽으셨도다." 8절은 "우리가 아직 죄인 되었을 때에 그리스도께서 우리를 위하여 죽으심으로 하나님께서 우리에 대한 자기의 사랑을 확증하셨느니라." 10절은 "곧 우리가 원수 되었을 때"라고 말씀하신다.

이처럼 그리스도가 죽은 이유는 우리가 연약하여 율법을 지키지 못해 죄인, 원수가 되었을 때, "하나님은 하시나니 곧 죄로 말미암아 자기 아들을 죄 있는 육신의 모양으로 보내어 육신에 죄를 정하사 육신을 따르지 않고 그 영을 따라 행하는 우리에게 율법의 요구가 이루어지게 하려 하심이니라"(롬 8:3-4)고 설명했다.

하나님의 영으로 말미암아 예수 그리스도 안에서 마치 그 율법을 다 지킨 자처럼 여겨지는 의인으로, 성령께서 모든 것을 이루어 가시겠다는 말씀이다. 정말 놀랍지 않은가?

율법은 우리에게 무엇을 요구하는가? 하나님과 이웃에 대한 사랑이다. 예수 믿는 사람들은 성령을 좇아 살면 율법이 요구하는 바를 다 이룰 수 있다.

"그러므로 율법의 행위로 그의 앞에 의롭다 하심을 얻을 육체가 없나니 율법으로는 죄를 깨달음이니라 이제는 율법 외에 하나님의 한 의가 나타났으니 율법과 선지자들에게 증거를 받은 것이라 곧 예수 그리스도를 믿음으로 말미암아 모든 믿는 자에게 미치는 하나님의 의니 차별이 없느니라 모든 사람이 죄를 범하였으매 하나님의 영광에 이르지 못하더니 그리스도 예수 안에 있는 속량으로 말미암아 하나님의 은혜로 값없이 의롭다 하심을 얻은 자 되었느니라"(롬 3:20-24).

예수 그리스도를 믿음으로 말미암아 우리는 이미 그리스도 안에서 의인이다. 이제 우리는 성령을 좇아 하나님 사랑과 이웃 사랑을 실천하는 거룩한 삶을 사는 자들이다.

성령 충만한 삶이란?

예수 믿기 전 옛 성품의 자아는 그리스도 안에서 죽었음에도 사단은 자꾸 우리를 유혹한다. 우리는 이미 옛 성품과 결별하고 새로운 성품으로 옮겨진 자이다. 그런데도 옛날 사단 나라의 습성이 아직 우리 몸에 남아 있고, 사단이 그것을 이용해 자꾸 죄를 짓게 유혹한다. 우리의 육신은 여전히 연약하고, 유혹을 받을 때마다 과거 모습에 집착한다. 자꾸 옛 성품의 죄를 짓는다. 그러므로 우리가 성령으로 살지 않으면 죄로부터 결코 승리할 수 없다.

성령님은 인격적인 분이시다. 인격은 배터리처럼 충전되었다가 쪼그라들지 않는다.

"성령님!" 하고 부르면 바람처럼 쑥 들어왔다가, 시간이 지나면 다시 쑥 빠져나가 버리는 분 아니다. 성령님은 '인격'이시다.

내 아내 이름은 '희영'이다. 내가 내 아내로 충만하다는 말은 내가 사랑하는 여자는 아내밖에 없다는 뜻이다. 그런데 내가 다른 여자를 생각하면 나는 희영으로 충만하지 않은 것이다. 아내만 지속적으로 생각하면, 나는 늘 아내로 충만하고 아내를 사랑하는 것이다. 아내를 생각하는데 다른 여자 생각이 나면, '안 돼. 나는 아내만 사랑해야 해'라며 계속 아내만 바라본다. 그러면 아내 충만으로 가는 거다. 아내를 사랑하기 때문에 다른 여자는 사랑하지 않는 것이 인격적인 것이다. 이와 같이 성령 충만은 인격적인 관계이다.

또한 성령 충만은 하나님 영의 다스림을 받겠다는 것이다. 우리가 자신의 욕구와 본능과 옛 성품에 따라 살지 않고, 계속해서 하나님의 영의 다스림을 받는 것이 성령 충만이다. 인격적인 관계를 유지하다 때로 성령의 역사로 뜨거울 수 있다. 그 성령이 우리 안에 성령의 은사를 주어서 방언도 할 수 있게 하고 통변도 할 수 있게 하고 병을 고치는 은사와 예언도 할 수 있게 하신다. 성령이 사랑과 희락과 화평과 온유와 자비, 이렇게 성령의 열매도 맺게 하시고 부흥의 역사를 일으키게 하신다.

이 모든 것이 기본적으로는 성령님과의 관계를 바탕으로 나타난다. 관계이기 때문에 성령 충만이 '성령으로 산다'라는 의미를 지닌다.

신비적으로 '불'과 같은 것을 경험할 수도 있지만, 그것이 성령 충만의 전부가 아니다. 성령 충만은 현상적인 것이 아니다. 예수를 믿고 "내가 성령으로 살겠습니다"라고 하면, 성령 충만이 시작된 것이다. 그것을 유지해 가는 과정에 여러 가지 성령의 역사가 있을 수 있다.

성령은 우리를 율법이 요구하는 하나님의 사람으로 만드신다. 하나님을 전심으로 사랑하고 싶어 하는 마음이 든다면, 이는 성령께서 주시는 마음이다. 마치 굳어 있던 밭을 쟁기로 갈듯이 내 마음을 뒤집어 주시는 것도 성령이다. 성령을 좇아 살면 주변 사람이 사랑스러워지고 주변 사람들을 축복하고 싶어진다.

나를 이유 없이 미워하는 이웃이 있다면 참으로 부담스럽다. 때로는 정말 울부짖고 싶다. "아, 하나님, 제가 저 사람 아비라도 됩니까? 저 사람을 내가 낳았습니까? 저 사람은 나에게 이렇게 시비를 걸고 미워하는데, 제가 저 사람을 왜 사랑해야 합니까?"

성령은 그런 이웃까지도 우리들이 축복하게 해 주신다. 성령은 우리의 인격을 성숙시켜 가신다. 성령이 내 마음을 움직여 하나님을 사랑하고 이웃을 사랑하게 하신다.

하나님 사랑, 이웃 사랑

손양원 목사님은 자기 아들을 총으로 죽인 원수를 양아들로 삼았다. 성령을 좇아 살면 그렇게 원수까지도 사랑할 수 있다. 예수를 믿고 교회를 다니는 우리가 행동하고 결정하는 기준은 "하나님과 이웃을 사랑하는가, 아닌가"이다.

해도 되는 것과 해서는 안 되는 항목을 지정하고, 그에 따라 하고 안 하고를 결정하는 것이 아니다. 내가 이 행동을 하는 것이 하나님을 사랑하는 걸까 이웃을 사랑하는 걸까 분별해 보고, 하나님과 이웃을 사랑하는 것이면 하고 아니면 하지 않는다. 그렇게 판단하고 결정 내릴 수 있도록 성령께서 이끌어 주신다. 주님께서 원하시는가, 안 원하시는가의 기준도 하나님 사랑과 이웃 사랑이다. 아무리 경건하고 좋아 보여도, 그것이 하나님 사랑과 이웃 사랑에 해당하지 않으면 주님이 원하지 않는 것이다. 이 모든 것을 성령을 통해 분별하고 행할 수 있다.

한 나라의 왕이 교통질서를 바로잡기 위해, 시속 80km 이상 달리지 못하도록 제한하고 추월 금지 구역을 정했다. 위험한 곳에는 교통경찰을 세워 지키게 했다. 그런데 교통경찰이 지키고 있으면 법을 지키고, 교통경찰이 없으면 과속과 추월을 일삼았다. 그래서 이렇게 단속해야만 유지되는 교통법으로는 안 되겠다고 판단했다. 의식을 바꾸는 것이 먼저였다. 그래서 교통법을 없애 버렸다. 단속할 경찰도 없어졌고, 지켜야 할 법도 없었다. 그런데 한 가지가 달라졌다. 바로 사람이다. 왕은 운전자 안에 왕을 존경하고 이웃을 배려하는 마음을 불어넣었다. 이렇게 마음이 생기니 운전자는 자율적으로 교통을 지켰다. "여기는 위험하니까 추월하지 말아야겠다", "여기서는 70km로 가야 안전하겠다"라고 생각하니 저절로 교통질서가 바로잡혔다.

반대로 과속해서 벌금 10만 원을 내야 하는 사람이 있다고 하자. 그는 왕을 사랑하는 마음을 따르지 않고 시속 150km로 마구 달렸다. 그래도 그는 법에 걸리지 않았다. 왜냐하면, 왕이 이미 교통 경찰국에다가 벌금 10조 원을 미리 냈기 때문이다. 마찬가지다. 하나님께서 예수님의 십자가 피라는 벌금을 미리 내셨다. 그래서 설사 우리가 성령님을 좇지 않고 여전히 죄를 짓는다 할지라도 우리가 내야 할 벌금은 이미 지불이 끝났다. 이것이 바로 놀라운 십자가의 사랑이다. 그래서 율법을 어기는 삶을 산다고 할지라도 우리는 여전히 의인이다. 우리를 정죄할 법이 없다.

하지만, 이것은 막 살아도 된다는 의미가 아니다. 지그재그로 달리고 추월해도 되지만, 성령을 좇아서 마음을 다하고 목숨을 다하고 뜻을 다하여 하나님을 사랑하고, 이웃을 자기 몸처럼 사랑하는 성숙한 백성으로 살아가야 한다. 성령이 우리를 그렇게 이끌어 가신다.

그리스도인의 행위 기준

안식일 문제에 대해 생각해 보자. 구약 시대에는 장로들의 규정에 구체적인 항목이 정해져 있었다. 항목에 집중하다 보니 안식일을 지키기 위해, "금요일 저녁부터 토요일 저녁까지 밥도 해 먹으면 안 됩니까? 일도 하지 말라면 무엇을 하나요?"라는 질문이 나왔다.

예수님과 제자들이 밀밭을 가다가 제자들이 밀을 꺾어서 껍질을 훑어 먹자 바리새인들이 안식일을 어겼다고 책망했다. 탈곡에 해당한다는 것이다. 그러나 바리새인들은 하나님과 이웃을 사랑하는 마음은 없지만, 안식일 규정을 지키는 것으로 자신들이 의롭다고 생각했다.

예수님의 부활 이후, 안식일을 주일의 개념으로 보고 오늘날도 어떤 교단은 철저히 주일 성수를 해야 한다고 강조한다. 내가 어릴 때부터 다녔던 교단도 주일 성수에 매우 철저했다.

우리 어머니는 연탄이나 쓰레기가 대문 앞에 쌓여 있어도 주일에는 버리지 않았다. 내가 월요일에 시험을 치를 때였다. 그러면 우리 어머니는 나를 일요일 이른 저녁부터 빨리 자라고 독촉하며 재우셨다. 그리고 자정이 지나면 깨우셨다. 자정이 넘으면 월요일의 시작이니까 공부하라는 것이다. 그런 어머니 밑에서 신앙생활을 해서 나도 주일은 공부하면 안 되는 것으로 알았다. 어린 마음에 주일에 여행 가면 교통사고 날 것 같았고, 등산하면 떨어질 것 같았고, 수영하면 물에 빠질 것 같았다. 주일에 시험이 있다면, 떨어졌으면 떨어졌지 시험을 보면 안 되는 거였다. 내게 주일은 놀아도 안 되고 공부해도 안 되는 날이었다. 왜 상거래도 안 되고, 오락을 금하고, 시험도 치지 않았던 걸까? 우리 스스로가 하나님을 너무 사랑하기 때문에 그날만은 오직 주님만을 묵상하며 더 깊은 교제 속에 있기 위해 다른 일을 금하는 것이라면 좋다. 그것을 형식주의라고 비판하거나 정죄해서는 안 된다.

그런데 주님을 사랑하는 마음이나 이웃을 사랑하는 마음 없이 단지 교회 다니는 사람은 그렇게 해서는 안 된다고 정해진 항목에 매여 행동한다면, 그것은 율법주의다. 주일에 예배드리고 나서 밀린 숙제도 하고, 가게 문도 열어 장사도 하고, 오락도 하고, 여행도 갔다고 하자. 그런데 주일에 예배드렸으니 괜찮다고 생각한다면 그것은 방종이다.

주님과 이웃을 사랑하기에 예배도 드리고 일도 하는 것이다. 하나님과 이웃에 대한 사랑 없이 항목만 지키기 위해 하는 모든 일이 율법주의다. 그런 이유로 로마서 14장 5절에서 사도 바울이 이렇게 말한다.

> "어떤 사람은 이 날을 저 날보다 낫게 여기고 어떤 사람은 모든 날을 같게 여기나니 각각 자기 마음으로 확정할지니라."

이 날을 저 날보다 낫게 여긴다는 것은 일주일 중에 한 날을 특별한 날로 여기든지, 아니면 7일의 모든 날을 다 똑같이 하든지 각각 자기 마음에 확정하라는 것이다.

> "날을 중히 여기는 자도 주를 위하여 중히 여기고 먹는 자도 주를 위하여 먹으니 이는 하나님께 감사함이요 먹지 않는 자도 주를 위

하여 먹지 아니하며 하나님께 감사하느니라 우리 중에 누구든지 자기를 위하여 사는 자가 없고 자기를 위하여 죽는 자도 없도다 우리가 살아도 주를 위하여 살고 죽어도 주를 위하여 죽나니 그러므로 사나죽으나 우리가 주의 것이로다"(6-8절).

우리 스스로 확정하는 것이다. "주일에는 일하지 않겠다. 주님을 사랑하기 때문에!"이든 "나는 주님의 사람이기에 모든 날을 똑같이 여기므로 주일에 일할 수 있고 여행도 갈 수 있다. 주님을 사랑하기 때문에!"이든 말이다.

술을 마셔도 될까?

술은 어떻게 해야 할까? 사실 독주는 쳐다보지도 말라는 기록이 성경에 있긴 하다. 이스라엘은 아열대 지중해성 기후이다. 물이 귀한 그곳은 음료로 과일즙을 먹었다. 우리나라에서 숭늉 마시는 것처럼 포도주가 그 나라 음료였다. 마치 독일에서 물이 좋지 않은 탓에 맥주를 개발한 것과 같은 이치이다.

그런 지리적 특성에 따라 이스라엘의 식생활 문화에서 포도주가 늘 따라다닐 수밖에 없었다. 그러므로 이스라엘 사람들에게 술 먹지 말라는 것은 한국 사람들 보고 숭늉 마시지 말라는 말과 똑같다. 예수님도 포도주를 매일 드셨다. 경제적인 여유가 있는 사람들에게는 밥 먹을 때마다 마셔야 하는 식생활 문화였으므로 당연한 일이었다.

사도 바울은 신앙의 아들인 디모데에게 위장병 치료를 위해 술을 권하기도 했다. 때로 술을 약처럼 취급했기 때문이다. 그럴 때 술은 그저 약일 뿐이다. 포도주에 소주를 부으면 안 되고 순수한 포도로 된 포도주는 먹어도 되는 걸까? 옛날 보수적인 교단에서는 성찬식에 쓸 포도주는 소주를 넣지 않고 포도 자체로 숙성시켜 만들었다.

그렇다면 그리스도인이 술을 먹어도 되는가? 성경은 술 취하지 말라고 했다. 이는 방탕한 것이라고 여겼기 때문이다. 술은 먹어도 되는데 취하지만 않으면 되는 걸까? 취하지 않는 기준이 어디까지일까? 술과 담배 역시 하나님과 이웃을 사랑하는 것을 기준으로 해야 한다. 내가 술 먹고 담배 피우는 것이 하나님과 이웃을 사랑하는 관점에서 행한다면 상관없다. 그런데 술만 마시면 기분 좋아지고 분위기를 타는 것 때문에 술을 마신다거나, 술에 취해 주님 사랑보다 주께서 원치 않는 죄를 짓게 한다면, 당연히 술을 피해야 한다. 그리도 단지 술을 마시지 않는 정도가 아니라 더 성숙함으로 나아가야 한다.

예를 들어 어떤 장로님이 회사에서 회식을 갔다. 회사 사람들은 그가 교회에서 어떤 직분을 맡고 있는지 다 안다. 다른 사람들은 건배하면서 술잔을 들었지만, 장로님은 사이다로 건배했다. 그런데 마침 그가 다니는 교인 중의 한 명이 음식점에 손님으로 왔다. 그 교인은 장로님이 마신 사이다를 소주로 알았고 장로가 어떻게 저럴 수 있느냐며 실족했다.

이럴 때 어떻게 할까? 고의는 아니어도 그 바람에 교인이 실족했다면, 앞으로는 사이다도 마시지 말아야 한다. 소주 색깔과 비슷한 사이다가 아니라 콜라를 마셔서라도 교인을 실족하지 않게 하는 것이 성숙함이다. 나의 자유함이 이웃 사랑을 잃어버린 방종이 되어서는 안 된다. 이처럼 그리스도인들이 행동할 때 사랑하는 이웃이 오해하거나 실족한다면, 그것 자체를 포기할 수 있는 것이 성숙한 그리스도인의 윤리의식이다.

사도 바울도 제사에 사용된 음식에 관해 이야기했다. 당시 그리스 문화에는 신전이 많았다. 신전에서는 제사에 쓸 제물로 양고기나 소고기를 매일 올렸다. 그런데 어떤 제사는 완전히 태우기도 했지만, 어떤 제사는 생고기나 삶은 고기를 잠깐 제단에 올리기만 하기도 했다. 그리고 제사가 끝나면 그 고기를 버리지 않고 시장으로 내보냈다.

제사에 올렸던 고기는 일반고기보다 가격이 쌌다. 상한 것도 아니고 똑같은 고기니 서민들은 당연히 제사에 쓰인 고기를 많이 샀다. 사도 바울은 그 고기를 먹을 수 있다고 말했다. 하지만 예수 믿는 사람이 이방 신에게 드려진 제사 음식을 먹는 것을 보고 어떤 이가 실족한다면, 아예 고기 자체를 먹지 않겠다고 선언했다. 그를 실족시키면 안 되니까 이웃을 사랑하기 때문이다. 그것이 바로 올바른 그리스도인의 행동이다.

술을 먹는 마음도 성령 안에서 잘 분별해야 한다. 이웃이 너무나무 괴롭다고 나에게 눈물을 흘리며 호소하는데, 그를 위해 함께 한 잔 먹으며 이야기할 수도 있다. 이 틈에 한 잔 마시자는 방종이 아니라 이웃을 사랑하는 마음이라면 먹을 수도 있다. 하지만 그 마음의 중심을 누가 정확하게 알까?

관절과 골수를 찔러 쪼개어 감찰하시는 주님의 영이 아신다. 자유함인지 방종인지, 정말 이웃과 하나님을 사랑하라는 마음에 새겨진 법을 성령께서 지킬 수 있도록 우리를 이끌어 주실 것이다.

이처럼 '율법으로부터 자유함'이 무엇인지 스스로 돌아봐야 한다. 상황 윤리, 타협, 방종이라고 하는 것들 가운데 어떤 부분은 너무 민감하기도 하다. 예배 순서 및 형식, 복음성가, 악기 사용, 성가대, 강대상, 술 담배 문제, 제사 문제 등 신학적인 견해 차이가 있다. 그러나 분명한 것은 우리는 오직 사나 죽으나 주의 것임을 기억해야 한다.

우리가 주의 다스림을 받는다면, 규정에만 매여 있어서는 안 된다. 하나님을 사랑하고 이웃을 사랑한다는 원칙에서 우리의 행동을 결정해야 한다. 그리고 그것을 할 수 있도록 성령님을 좇아 살면 율법의 요구를 이룰 수 있다. 이것이 율법으로부터 자유함이다.

내가 선 곳,
거룩한 땅

내가 선 곳 거룩한 땅
6

죄로부터의
완전한 자유

: 주님과의 교제를 최고 우선순위에 두라

그리스도인의 내적 갈등

고린도후서 7장 1절을 통해 죄 문제를 살펴보자.

"그런즉 사랑하는 자들아 이 약속을 가진 우리는 하나님을 두려워하는 가운데서 거룩함을 온전히 이루어 육과 영의 온갖 더러운 것에서 자신을 깨끗하게 하자."

왜 육과 영의 온갖 더러운 것에서 자신을 깨끗케 하라고 했을까? 우리가 하나님의 사랑을 입지 않았다면 깨끗할 필요가 없다. 어차피 지옥 갈 것이므로 착하게 살 필요가 없다. 우리가 자신을 깨끗하게 해야 하는 것은, 우리가 하나님의 사랑을 입은 자들로서 약속을 가졌기 때문이다.

이 약속에 대한 말씀이 고린도후서 6장 16절에 기록되어 있다.

"하나님의 성전과 우상이 어찌 일치가 되리요 우리는 살아 계신 하나님의 성전이라 이와 같이 하나님께서 이르시되 내가 그들 가운데 거하며 두루 행하여 나는 그들의 하나님이 되고 그들은 나의 백성이 되리라."

"나는 그들의 하나님이 되고 그들은 나의 백성이 되리라."
이것을 신약적으로 표현하면, 18절에 "너희에게 아버지가 되고 너희는 내게 자녀가 되리라"는 말씀이다. 우리는 하나님의 사랑을 입고 하나님을 아버지라 부르는 하나님의 자녀가 되었기에 온갖 육과 영의 더러운 것에서 자신을 깨끗케 해야 한다.

거룩하신 공의와 의의 하나님은 얼마만큼 죄를 미워하시는가? 아들 예수를 죽이기까지 죄를 싫어하고 미워하신다. 하나님이 전지전능하셔도 절대 할 수 없는 일이 있다. 그분은 죄와 공존할 수 없는 분이다. 따라서 우리는 거룩하신 하나님을 경외하는 가운데 거룩한 삶을 온전히 이뤄 가야 한다. 그런데 문제는 그리스도 안에서 의로운 자가 되었다는 약속을 가졌음에도 한편으로는 죄를 짓는다는 사실이다.

교회에서 여러 가지 일을 맡은 리더가 있다. 주일학교 봉사, 성가대, 청년부 성경공부 리더로 섬기고 있다. 그런데 어느 날 교회 가다 말고 자신의 이중인격을 탓한다.

'내내 세상에서 죄 짓고 살다가 무슨 교회 가서 선한 척 봉사냐? 넌 이중인격자야! 양심이 있다면 교회 가지 말고 집에서 혼자서 회개해. 그게 더 낫지.'

이런 마음의 소리가 들려온다. 일주일 내내 성경 한 번 안 읽고 죄 가운데 살다가 주일학교 학생들에게 가서 "예수님은 여러분을 사랑해"라고 가르칠 생각을 하니 스스로가 가증스럽다. 그러면서도 습관처럼 교회 가서 아무렇지도 않게 예배드리며 봉사하는 것이 위선자처럼 느껴진다.

"니가 집사냐? 잡사지. 목사야? 먹사지. 양심이 있으면 솔직히 교회 생활 그만 둬."

이런 일이 반복되면서 더 이상 봉사할 수 없다고 말한다. 이유를 물어보면 적당한 핑계를 댄다.

안타깝게도 이런 경우를 주변에서 참 많이 본다. 중·고등학교 때 회장, 총무, 부회장을 하거나 청년부 대학부 리더를 하다가 교회를 안 나오는 경우가 있다. 위선자 같은 자신을 견디질 못해서다. 교회에 출석하면서 찬양 인도하고, 성경공부하고, 교사로 섬기지만, 자신만 아는 은밀한 죄 때문에 내면의 갈등을 가진 이들이 많다. 그리스도인의 내면에는 이런저런 모습의 갈등이 많다. '이렇게 살면서 어떻게 내가 그리스도인이라고 할 수 있어' 하는 죄책감과 죄의식에 늘 눌려 있는 이도 있다.

그러나 요즘은 무감각의 시대이다 보니 옛날과 비교하면 죄의식이 없다. 선과 의에 대한 감각이 없다. 우리의 양심 감각이 죽은 탓에 죄성이 활개를 치는지도 모른다. 도덕 불감증이 사회 도처에 만연해 있다.

세태가 아무리 그렇다 해도 죄에 대한 불감증은 그리스도인의 특징이 아니다. 하나님께서 양심의 소리로 죄를 깨우쳐 주시기 때문이다. 단언하건대 사실 당신을 짓누르는 죄책감과 죄의식은 100% 사단의 소리이다.

"목사님, 성령이 제 양심에 말씀하시는 소리일 수도 있잖아요?"

그렇다. 물론 성령께서 우리 심령에 말씀하신다. 그러나 성령의 탄식과 사단이 주는 죄의식은 아주 다르다.

성령이 주는 죄의식 vs 사단이 주는 죄의식

성령이 우리 안에 일으키는 죄책감은 예수께로 더 나아가도록 한다. 죄를 해결할 유일한 분이 예수님이기 때문이다. 그러나 사단이 주는 죄의식은 교회를 떠나게 하고 주님에게서 멀어지게 만든다. 양심의 소리로 가장해 예수님에게서 멀어지게 만드는 것은 사단이 가진 고도의 전략이다.

우리는 하나님의 사랑으로 하나님의 의로운 자녀가 되었다. 우리가 의롭다 함을 얻은 것은 전적으로 예수를 믿는 믿음으로 말미암은 하나님의 은혜다. 그런데 사단이 주는 죄의식은 내가 하나님의 자녀임을 거부하게 한다.

마치 이런 모습과 같다. 아이가 부모님 말씀도 안 듣고 공부도 못하고 효도도 못한다. 그래서 완전히 주눅이 들어서 "부모님, 전 효도도 못하고, 공부도 못하니 부모님의 자식이 아닌가 봅니다. 저는 부모님과 한 식탁에서 밥 먹을 자격이 없어요."

그러면서 밥그릇을 들고 일어서더니 구석에 웅크리고 앉아 밥을 먹는다. 이러면 부모가 어떻게 생각할까? 처음 한두 번은 '녀석이 철이 들려고 저러나?' 생각한다. 그런데 그런 일이 반복되면 정신과 치료를 받게 한다. 효도는 고사하고 부모 속만 계속 썩여도 부모에게는 귀한 자식이다.

성경은 어떻게 이야기하는가? 사단은 우리를 밤낮 참소하는 자라고 말씀한다.

> "내가 또 들으니 하늘에 큰 음성이 있어 이르되 이제 우리 하나님의 구원과 능력과 나라와 또 그의 그리스도의 권세가 나타났으니 우리 형제들을 참소하던 자 곧 우리 하나님 앞에서 밤낮 참소하던 자가 쫓겨났고"(계 12:10).

사단은 밤낮 하나님 앞에서 우리를 정죄한다.

"하나님, 보십시오. 저게 거룩한 자입니까? 하나님의 의로운 자녀입니까?"

요즘 우리 그리스도인들은 한국 사회에서 그리스도인다운 거룩한 삶을 살지 못하기에 많은 질타를 받고 있다. 사단은 끊임없이 우리를 정죄한다. 그런 죄의식에 괴로워하다 교회와 주님을 섬기지 못하도록 하나님에게서 멀어지게 한다. 이는 사단이 철저히 우리를 속이는 것이다.

사단이 심는 죄책감과 죄의식에 속아서는 안 된다. 하나님은 우리가 예수 그리스도를 믿음으로 의롭다고 말씀하셨다. 그런데 복음의 진리를 표면적으로만 알아서인지 안타깝게도 많은 사람이 속고 있다. 특히 교회를 출석하는 남자들이 더한 것 같다. 위선자, 이중인격자 같은 자신이 너무 싫다고 한다. 그래서 교회 생활에서 멀어진다. 이는 사단에게 속는 것이지 양심의 소리가 아니다.

기독교의 죄와 다른 종교의 죄는 어떻게 다른가?

기독교에서 말하는 죄는 무엇일까? 예수 믿는 사람이 거짓말해도 되는가? 안 된다. 왜? 거짓말은 나쁘니까. 그런데 불교도 거짓말이 나쁘다고 가르친다. 학교 가면 윤리 도덕에서도 거짓말은 나쁘다고 말한다. 그럼 기독교의 선은 다른 종교나 윤리 도덕 과목과 무엇이 다른가?

사울 왕이 아말렉과 전쟁할 때, 하나님은 호흡하는 모든 생명체는 다 죽이라고 명하셨다. 명령을 따라 사울 왕과 그의 군대는 호흡

하는 임산부 배 속에 있는 아기까지 다 죽인다. 세상에 어떻게 그런 잔인한 명령을 내릴 수 있는가? 그런데 사울 왕은 기름진 몇 마리 양과 소는 남겨 두었다. 하나님께서 이유를 묻자, 사울 왕은 하나님께 제사를 지내겠다고 대답했다. 그러나 하나님은 그를 폐위시켜 버리신다. 다 죽이라고 한 하나님 말씀에 불순종했기 때문이다.

기독교는 철저하게 하나님과의 관계에서 선과 악을 따진다. 하나님이 죽이라고 하셨는데 불순종으로 다 죽이지 않았다면 그것이 죄다. 유부남 유부녀가 서로 사랑한다. 사랑인데 왜 죄인가? 성을 가정 안에서 사용하도록 하신 말씀에 불순종하는 것이기에 죄다. 때로 인간으로서 도저히 이해할 수 없을 때도 있다. 그런데 하나님은 창조주시며 절대적 선이다. 절대적 선인 하나님의 말씀에 순종하는 것이 선이다. 하나님을 하나님으로 여기지 않고 불순종하는 것이 죄다.

하나님께서는 주위 영혼을 섬기라고 하셨다. 그리스도인이 영혼을 섬기지 않으면 그것도 죄다. 그런데 많은 그리스도인이 이 부분은 잘 깨닫지 못한다. 우리의 죄의식이 도덕과 윤리적 수준에만 머물러 있기 때문이다. 하나님과의 관계에서 하나님의 말씀에 순종하지 않는 것이 죄라는 것을 깨달으면, 주님과 교제하면서도 주님의 음성을 듣지 않는 것 자체가 죄라는 것을 알게 된다.

그런데 설상가상 우리는 거기에 대한 죄책감도 없다. 이는 그리스도인들이 미성숙하기 때문에 빚어지는 문제이다. 주님께서 "너, 그 물질로 다른 사람 도와줘라" 하셨는데, 듣지 않으면 죄다. 주님과의 교제에서 각자에게 하시는 말씀이 있는데 그냥 잊어버리거나, 뭐라고 말씀하셨는지조차도 모른다. 단순히 도둑질, 미움, 시기, 질투, 다툼, 탐심 등 이렇게 불교도들도 나쁜 줄 아는 죄 정도가 아니라 주님의 음성에 귀 기울이지 않고, 주님을 사랑하지 않고 불순종하는 모든 것이 죄다.

흙탕물을 빈 컵에 담았다. 이삼 일 뒤 보니 흙이 가라앉고 위에는 맑은 물이 남았다. 젓가락을 넣고 휘저었더니 가라앉아 있던 흙이 올라왔다. 며칠 뒤 다시 컵을 흔들었더니 그때도 가라앉아 있던 흙이 올라왔다. 이렇게 가라앉는 흙이 바로 죄의 속성이다. 죄는 충격과 자극, 유혹으로 인해서 내 안에 가라앉았다가 이렇게 다시 떠오른다. 인간은 모두 하나님을 하나님으로 여기지 않고 자신이 주인 노릇하려는 깊은 죄성을 가지고 있다.

반기독교적이고 반하나님적으로 내 육체와 마음이 원하는 대로 나 중심으로 사는 내 자아가 근본적인 죄성이다. 이 죄는 인간 스스로가 해결할 수 없다. 세상은 소크라테스, 공자, 마호메트, 석가모니를 성인이라 이야기한다. 그런데 그 사람들의 밑바닥에 가라앉았던 죄성이 덜 올라왔다는 말이지 그들에게 죄성이 아예 없다는 말은 아니다. 모든 인간에게는 이런 죄성이 있다.

익수라는 아이가 있는데, 평상시 돈을 훔칠 생각이 전혀 없었다. 그런데 친구들 모임에 갔다가 일어서는데, 10만 원짜리 수표가 떨어져 있는 것이 보였다. 순간 욕심이 생겼다. 이렇듯 지금은 전혀 욕심이 없지만, 어떤 유혹이 생기면 죄로 발전한다. 메일만 체크하겠다고 컴퓨터를 켰는데, 마우스가 어느새 음란 사이트를 클릭하고 있다면 그것은 죄에 길들여진 우리 안에 있는 근본적인 죄성 때문이다.

죄성은 끊임없이 우리를 하나님에게서 멀어지게 한다. 내 안의 죄성을 근본적으로 해결할 수 있는 어떤 방법도 인간에게는 없다. 마음을 비운다고 죄성이 없어지지 않는다. 교육 훈련으로 어느 정도는 달라질 수 있지만, 근본적 해결은 불가능하다. 죄의 대가는 사망과 심판이다. 눈곱만큼이라도 죄가 있다면 저주와 형벌로 우리는 죽어야 한다. 그래서 하나님은 인간에게 어떤 죄를 스스로 해결하라고 하지 않고, 예수님을 보내셔서 해결하는 길을 제시하셨다.

사단의 속임수

예수 그리스도께서 모든 죄의 저주와 형벌을 다 지고 십자가에서 죽으셨다. 그 죽음에 우리도 동참했다. 우리 안에 있는 모든 죄의 저주와 허물은 그리스도의 죽으심과 함께 죽었다. 그리고 죄에서 자유로워졌다. 하나님은 삼 일 만에 예수님을 살리시고 부활하신 예수 그리스도를 통해 공표하셨다.

"내가 너를 위해 너의 죄 때문에 내 아들 예수를 죽였다는 이 사실을 믿고 예수를 구세주로 받아들인다면 내가 너를 의롭다 하겠다. 어떤 노력이나 어떤 공로가 아니라 그냥 값없이 주겠다. 너무

싼 것이기 때문에 값없는 것이 아니라 값으로 측량할 수 없기에 값을 정할 수 없는 그 의를 너에게 주겠다."

마음씨 좋은 털보아저씨가 너털웃음을 터뜨리며 "괜찮아. 그 정도쯤이야" 하는 용서가 아니다. 자기 아들을 죽이는 피 값을 지불하면서까지 용서하시겠다는 말씀이다. 공의가 없는 사랑이 아니라 피 값으로 공의를 실현하고 우리를 향한 사랑으로 의롭다고 해 주신다는 의미다.

그 예수 그리스도를 마음에 받아들이고 그 앞에 무릎 꿇으면 죄 용서함을 얻은 의인, 죄의 저주와 형벌로부터 구원 얻은 하나님의 자녀가 된다. 이제 하나님을 아빠라고 부를 수 있다. 결정적으로 하나님께서는 로마서 8장에 이렇게 말씀하셨다.

"그런즉 이 일에 대하여 우리가 무슨 말 하리요 만일 하나님이 우리를 위하시면 누가 우리를 대적하리요 자기 아들을 아끼지 아니하시고 우리 모든 사람을 위하여 내주신 이가 어찌 그 아들과 함께 모든 것을 우리에게 주시지 아니하겠느냐 누가 능히 하나님께서 택하신 자들을 고발하리요 의롭다 하신 이는 하나님이시니 누가 정죄하리요 죽으실 뿐 아니라 다시 살아나신 이는 그리스도 예수시니 그는 하나님 우편에 계신 자요 우리를 위하여 간구하시는 자시니라 누가 우리를 그리스도의 사랑에서 끊으리요 환난이나 곤고나 박해나 기근이나 적신이나 위험이나 칼이랴 기록된 바 우리가 종일 주를 위하여 죽임을 당하게 되며 도살당할 양같이 여김을 받았나이다 함과 같으니라"(31-36절).

　어떤 환란과 곤고와 핍박을 당한다 할지라도 하나님 안에서 이 사랑은 아무도 끊을 수가 없다. 우리를 의롭다 하신 이가 하나님이시라면 누가 우리를 정죄할 수 있겠는가? 우리는 예수 그리스도를 믿는 믿음으로 의인이 된다.
　예수 안에 있는 우리를 정죄할 자는 아무도 없다고 말씀하신다. 하나님의 의로운 백성이라고 법적으로 인정한 것이다. 그러나 우리는 상태적인 면에서는 아직 의인답지 못하다.
　어느 집에서 아이 한 명을 양자로 입양했다. 법적으로는 그 집 아들이 되었다. 그러나 그 아이가 입양된 순간, 예전 모든 생활을 일순간 다 잊고 모든 면이 다 바뀔 수는 없다. 그 집의 원래 아들 모습일 수는 없다. 그렇다고 다시 그 아이를 고아원에 보내겠는가? 법적으로는 아들이지만 상태적인 면에서는 아직 그 집 아들답지는 않다. 그러나 법적으로 아들로 삼았다는 말은 아직 아들답지 못해도 내 자녀로 양육하겠다는 의미다.
　우리도 역시 법적으로는 의인이다. 그런데 상태적인 면에서 하나님의 자녀답지 못하다. 이제부터 하나님의 자녀답게 양육받고 훈련받아 주님의 백성으로 자라 가야 한다. 물론 그 과정에서 우리가 여전히 자녀답지 못한 행동으로 죄를 지을 수도 있다. 하지만 죄를 지었다고 해서 부자 관계가 달라지지는 않는다. 그렇다고 이 말을 죄를 지어도 된다는 말로 받아들여서는 안 된다.

"그런즉 우리가 무슨 말을 하리요 은혜를 더하게 하려고 죄에 거하겠느냐 그럴 수 없느니라 죄에 대하여 죽은 우리가 어찌 그 가운데 더 살리요"(롬 6:1-2).

죄의 맛을 아예 모르면 죄를 짓지 않는다. 이렇듯 죄의 맛을 모르는 것이 자기를 보호하는 데 훨씬 낫다. 죄는 특성상 맛이 있다. 죄를 지을 때 한약 먹듯이 괴로워하거나 고민하는 사람을 본 적 있는가? 죄는 좋아서 원해서 짓는다. 한 번 짓고 두 번 짓고 자꾸 짓고 싶어진다. 그렇게 죄에 길들고, 점점 중독된다. 중독된 죄성은 끊임없는 죄를 요구한다. 거기서 벗어나기가 얼마나 힘든 일인지 모른다. 그래서 성경은 죄는 모양이라도 버리라고 한다. 그리스도인의 성숙은 성령 안에서 거룩한 습관을 형성하는 것이다.

그러나 설사 죄를 짓는다고 해도 예수 안에 있는 자들은 법적으로 그리고 신분상으로 완전한 의인, 거룩한 하나님의 의로운 자녀이다. 정말 세상이 이해할 수 없는 엄청난 복음이다.

예를 들어, 왕자와 어린 공주가 있었는데 둘이 서로 같이 뛰어놀다가 영의정, 좌의정, 우의정이 있는 방으로 들어갔다. 영의정의 상투를 뒤틀고, 우의정과 좌의정의 수염을 서로 잡아 묶었다. 그렇게 해도 왕자와 공주를 향해 "이놈" 하며 혼낼 수가 없다. 신분이 왕자이고 공주이기에 함부로 야단칠 수 없다. 그러나 왕자와 공주가 다른 방으로 가면 혀를 차며 언제 철이 들까 안타까워할 것이다.

이처럼 그 신분에 걸맞은 상태가 아닌 미성숙한 상태라 해도 법적인 신분이 바뀌지 않는 것이 하나님의 말할 수 없는 사랑이다. 한 가지 예를 더 들어 보자. 까만 돼지가 있다. 까만 돼지는 하얀 돼지가 되고 싶었다. 그래서 온몸에 하얀 페인트를 칠하고 흰 밀가루를 발랐다. 하지만 아무리 흰 페인트를 칠하고 밀가루를 바른다고 해도 까만 돼지는 여전히 까만 돼지이다. 절대로 하얀 돼지가 될 수 없다. 반면 하얀 돼지가 꿀꿀이 밥통에 똥 싸고 오줌 싸더니 그곳에서 뒹굴뒹굴 굴렀다. 오물이 덕지덕지 붙어 까맣게 딱지가 졌지만 그래도 하얀 돼지는 하얀 돼지이다.

우리 인간은 어떤 노력으로도 스스로 의인이 될 수 없다. 십자가를 믿고 예수를 구세주로 영접함으로 하얀 돼지, 의인이 된다. 의인이면 의인답게 살아야 하는데 똥을 묻혔다. 똥이 묻었다 해도 하얀 돼지는 의인이다. 사단은 똥 묻었다고 우리더러 까만 돼지라고 자꾸 속인다. 하지만 속아서는 안 된다. 똥 묻었어도 예수님의 십자가 때문에 우리는 여전히 하얀 돼지이다. 이는 성령으로 그리스도 안에서만 아는 비밀이다.

"아, 그럼 목사님, 제가 예수 믿고 하얀 돼지가 됐으니까 나가서 일주일 동안 죄짓고 까맣게 똥 묻히고 교회 와서 '하나님 잘못했어요' 하고 똥 지우고 또 나가서 똥 묻히고, 그래도 되겠네요?"라고 질문할 수 있다.

극단적으로 그래도 법적으로 거룩한 의인 신분이 취소되지 않는다는 것이 하나님의 사랑이다. 법적 의인이 된 후, 상태가 법적 신분에 턱없이 못 미친다고 해도 의인 신분이 변하지는 않는 것이 십자가의 사랑이다.

우리는 의인이다. 똥을 완전히 발라 가지고 이게 까만 돼지인지 하얀 돼지인지 구분이 안 될지언정 그래도 하얀 돼지다. 왜냐하면, 예수님의 십자가의 피로 우리를 용서하셨기 때문이다.

우리를 의롭게 하신 십자가의 사랑

어쩌면 기독교는 말이 안 되는 종교다. 기독교의 사랑은 말이 안 되는 사랑이다. 예수님이 흘리신 십자가의 보혈이 우리에게 의로운 하나님의 자녀라는 신분을 값없이 선물로 주셨다. 하나님의 자녀가 됐음에도 여전히 똥을 묻히는 나 같은 죄인을 의롭다고 하기 위해 예수님이 십자가에서 찢김을 당하셨다.

이 말도 안 되는 십자가의 사랑, 나를 여전히 의롭다고 하기 위해서 그 예수님을 십자가에서 죽일 수밖에 없었던 그 하나님의 사랑을 아는가?

십자가의 사랑은 세상은 알 수 없는 비밀이다. 오늘 우리는 이토록 놀라운 십자가의 사랑을 받고 주님 앞에 우리 죄를 자백하며 여전히 우리는 의인이라고 선언할 수 있다.

사단은 '똥이 묻었다'며 우리를 정죄하고 참소할 수 있지만, 우리는 예수님 때문에 의인이다.

이런 복음을 이야기하면, 어떤 이는 이런 값싼 복음, 값싼 은혜를 가르쳤기에 한국 교회 교인들이 미성숙한 삶을 살게 되었다고 말한다. 나는 동의하지 않는다. 진정한 복음, 진정한 은혜를 모르기 때문에 일어난 결과다. 진정한 복음, 진정한 은혜가 우리를 거룩한 하나님 자녀답게 살아가게 한다. 상태적으로는 의롭지 못한 우리를 여전히 사랑으로 양육하시며 거룩한 하나님의 자녀답게 성숙한 삶으로 나오기를 하나님은 기다리신다. 사랑하시기에 때로는 징계의 매를 드시기도 한다. 사랑하시기에 우리를 죄에서 돌이키시려고 징계의 매를 드신다.

일본에서 사역할 때 일이다. 한 자매가 남자를 사귀었다. 남자가 한국으로 먼저 돌아가고 자매는 일본에 남았다. 그런데 한국으로 가 버린 남자에게서 연락이 끊겼다. 얼마 안 있어 남자가 다른 여자를 사귄다는 소식이 들려왔다. 일본에 있을 때는 그 자매와 결혼을 약속하고 동거까지 한 사이였다. 자매는 버림받은 것이다.

자매가 남자를 정리하면서 돌이켜보니 동거했던 사실이 너무 후회스러웠다. 결국, 목사에게 찾아와 이런 사실을 고하며 상담을 요청했다. 나는 그 자매를 붙들고 죄를 자백하며 회개하도록 했다. 그리고 미가서의 말씀에서 하나님이 우리 죄를 낭떠러지 깊은 바다에 집어넣고 다시는 기억하지 않겠다고 말씀하신 내용으로 주님의 용서를 이야기했다.

그런데 그녀는 계속 울기만 했다. 주님을 향한 죄송한 마음과 용서의 사랑 때문에 우는 것이 아니었다. 가만히 쳐다보다가 자매에게 물어보았다.

"예수님이 용서하셨다는데 왜 우니? 네가 그 남자랑 동거한 것은 사랑하고 좋아서 한 거지? 한때는 좋은 추억이기도 했잖니. 하나님 앞에서는 울어야 하는 것은 시퍼렇게 살아 계신 하나님 앞에서 행한 죄 때문에 울어야 해. 그런데 그분이 용서하겠대. 그런데 왜 우니? 네가 지금 우는 게 회개니? 네가 흘리는 눈물의 색깔이 뭐니?"

그 자매는 자기 비하와 연민과 후회로 그토록 우는 것이었다. 하나님 앞에서의 회개는 하나님께 돌아오는 것이다.

회개는 단순한 감정이 아니다. 바보 같은 놈한테 당한 자기 자신이 싫어서 우는 것도 아니고, 어쩌다 그랬을까 후회스러워 우는 것도 아니고, 하나님 앞에서 죄를 지었기 때문에 울어야 한다. 그리고 그 하나님께서 그럼에도 죄를 용서하고 기억하지 않겠다는 데에 대한 감사와 감격의 눈물이어야 한다. 그리고 거룩을 향한 돌이킴의 눈물이어야 한다.

죄를 회개하는 것은 오직 예수님의 보혈만이 하나님의 긍휼하심만이 살 길이기에 예수님만 더 의지하는 것이다. 우리가 죄를 짓고 회개하는 것은 자기 후회, 자기 연민에 빠진 넋두리가 아니다. 목욕탕 갈 때 "나 몸이 너무 더러워서 집에서 샤워 먼저 하고 갈게. 너무 더러워서 창피해서 못 가겠어" 하는 사람 봤는가? 아니면 "나, 몸이 너무 아파서 의사를 만나러 갈 수가 없어. 약국 가서 약 좀 먹고 나은 다음에 의사를 만날게"라는 사람은 없다. 도리어 더러우니까 목욕탕 가서 몸을 깨끗이 씻고, 아프니까 의사를 찾아간다.

마찬가지로 죄가 있으니까 주님 앞으로 나아가야 한다. 그런데 사단이 주는 죄의식은 우리를 위선자이고 이중인격자라는 정죄감 속에 빠뜨려 예수님에게서 멀어지게 한다.

여기에 속아서는 안 된다. 고린도전서 11장에 성찬식 문제가 나온다.

"그러므로 누구든지 주의 떡이나 잔을 합당하지 않게 먹고 마시는 자는 주의 몸과 피에 대하여 죄를 짓는 것이니라 사람이 자기를 살피고 그 후에야 이 떡을 먹고 이 잔을 마실지니 주의 몸을 분별하지 못하고 먹고 마시는 자는 자기의 죄를 먹고 마시는 것이니라" (27-29절).

왜 성찬식에 참여하는가? 내가 죄인인데, 예수님이 나의 죄를 위해 죽으셨기 때문에 성찬식을 기념하는 것이다. 그런데 내가 죄를 지었다고 해서 성찬식에 참여하지 않는다면, 어디 가서 죄를 해결하고 오겠다는 것인가? 다른 종교를 찾아가 죄를 용서받고, 그다음 성찬식에 깨끗하게 참석하겠는가? 아니면 혼자 골방에서 후회하고 근신하면 깨끗해지는가? 죄를 지었기 때문에, 더 성찬식에 참여해야 한다.

"사람이 자기를 살피고 그 후에야 이 떡을 먹고 이 잔을 마실지니 주의 몸을 분별하지 못하고 먹고 마시는 자는 자기의 죄를 먹고 마시는 것이니라."

고린도교회 사람들은 성찬식을 저녁때 했다. 그렇다 보니 주린

배를 채우려고 빵을 많이 먹고, 포도주를 마시고는 그대로 누워 자는 사람도 생기곤 했다. 그때 이 떡이 무엇을 의미하고 이 잔이 무엇을 의미하는지 알지 못하고 먹고 마시는 자는 자기 죄를 먹고 마시는 것과 같다는 것이다. 그래서 떡과 잔의 의미를 알고 마시라는 것이지, 자기 죄가 있나 없나를 살펴보고 죄가 있으면 성찬식에 참여하지 말라는 말이 아니다.

성경을 잘못 가르치고 배웠기에 어떤 교회에서는 죄가 생각나면 근신하는 마음으로 성찬식에 참여하지 못하게 한다. 그리고 그렇게 성찬식에 참여하지 않는 것이 마치 양심적인 양 취급한다. 아니다. 그렇지 않다.

우리는 예수님의 피, 십자가가 아니면 죄를 용서받을 수 없다. 똥을 많이 묻힌 것 같고 죄를 많이 지은 것 같으면 오히려 성찬식에 더 반드시 참여해야 한다. 예수님의 십자가 보혈이 아니고서는 죄 문제를 해결할 수 없기에 주님 앞에 더 엎드려야 한다.

예수 그리스도 안에서 의의 신분을 누리자. 그러나 은혜를 더하려고 죄를 지을 수는 없다. 이 죄를 용서하기 위해 주님이 십자가에서 죽으셨다는 사실을 안다면, 하나님이 죄를 얼마나 싫어하시는지 안다면, 성령을 통해 거룩하게 살아야 한다. 하나님의 사랑을 받고 약속을 받은 의로운 자답게 거룩함을 추구하며 살아야 한다.

하나님을 두려워하며 육과 영의 온갖 더러운 것에서 자신을 깨끗하게 해야 한다. 이것이 죄의식, 죄책감로부터의 자유다.

주님으로 가득하라

이제 죄에서 벗어나는 방법을 생각해 보자. 빛 앞으로 가면 그림자는 사라진다. 아무리 칠흑과 같은 어둠이라 할지라도 아침에 태양이 뜨면 어둠은 물러갈 수밖에 없다. 마찬가지로 죄의 습관에 젖어 있는 우리는 빛 되신 주님 앞에 나아가고 주님과 깊이 교제하는 방법밖에 없다.

주님으로 우리를 충만하게 채워야 한다. 주님의 말씀으로 마음을 채우고 주님을 더 사랑하면 죄를 이길 수 있다. 그것이 죄로부터 이기는 승리의 삶이다. 죄를 이기는 왕도는 없다. 오직 성령과 예수그리스도로 살아가는 것 외에는 어떤 방법도 없다. 이미 승리하신 예수님 안에서 나를 도우시는 성령과 함께 죄와 싸워야 한다. 죄로부터 떠나고 잘라내고 벗어나야 한다.

이 땅에서 사는 한 우리는 끊임없이 사단의 모사에 시달린다. 그래서 우리는 신앙의 공동체 속에서 주님과 함께 교제하는 하나님의 백성들과 함께 가야 한다. 거룩한 습관을 쌓는 것이 죄에서 이기는 길이다. 주님과 날마다 교제하고, 주님과 깊이 있는 만남을 가져야 한다. 성령 안에서 내가 그 죄로부터 떠나야 한다. 이렇게 죄에서 벗어나 주님 안에서 의로워졌음을 선포하고, 이제는 어둠 가운데 살 수 없다고, 주님만 더 사랑하며 살아가겠다고 결단하고 담대히 나아갈 때 하늘의 기쁨은 죄에서 더욱 멀어지게 할 것이다.

사단이 너무도 자주 죄의식으로 몰아가는 통에 자꾸만 무너진다면, 누가복음 15장에 나오는 탕자의 비유를 기억하라. 탕자가 아버지한테 돌아와 "아버지, 제가 하늘과 아버지께 죄를 지었습니다"라고 회개할 때 아버지가 "그래, 내가 용서하마" 했는가? 아니다. 탕자는 그냥 터덜터덜 걸어오는데, 아직 잘못했다고 아버지께 말도 안 했는데, 아버지가 긍휼히 여겨 달려가 목을 안고 입을 맞추었다.

이것이 하나님의 긍휼이다. 회개해서 용서해 주시는 게 아니다. 하나님은 이미 우리를 용서해 주셨다. 하나님의 긍휼은 전지적이다. 하나님은 우리가 그럴 수밖에 없는 연약함과 죄성과 기질과 상황을 다 알고 계신다.

> "아버지가 자식을 긍휼히 여김같이 여호와께서는 자기를 경외한 자를 긍휼히 여기시나니"(시 103:13).

하나님의 긍휼은 넉넉하고 다함이 없다. 성경에서 하나님의 긍휼이라는 단어가 나올 때 앞뒤 수식어를 보라. 하나님의 긍휼은 많고, 크고, 무궁하고 넉넉하고 다함이 없다고 한다(엡 2:4, 벧전 1:3 참조). 그러므로 용서받지 못할 어떤 죄도 없다.

스바냐 3장 17절은 유명한 찬양이다. "너의 하나님 여호와가 너의 가운데에 계시니 그는 구원을 베푸실 전능자이시라 그가 너로 말미암아 기쁨을 이기지 못하시며 너를 잠잠히 사랑하시며 너로 말미암아 즐거이 부르며 기뻐하시리라 하리라."

당시 이스라엘 사람들은 하나님 앞에 우상을 섬겨 바벨론에 포로로 잡혀가고 있었다. 그런데 그 상황에 하나님께서 말씀하신다. "내가 너로 인하여 기쁨을 이기지 못하며 너를 잠잠히 사랑한다."

이해가 되는가? 하나님께 징계를 받아 포로로 잡혀가는 그들에게 여전히 사랑한다고 고백하신다.

우리가 어떤 죄를 지어도 주님 앞에 가지고 나오면 하나님은 용서하신다. 그것이 바로 놀라운 하나님의 긍휼이요, 사랑이다. 이 사랑 앞에서 다시는 죄 가운데 불순종하지 않고 하나님께 순종하며 살겠다는 인격적인 관계의 성숙으로 자라 가야 한다. 이때 비로소 죄와 죄의식에서 벗어난 거룩한 신앙의 성숙함이 주님과의 교제 속에서 성령을 통해 아름다운 열매를 맺는다.

내가 선 곳
거룩한 땅

7

열등감으로부터의 자유함

: 부르심과 은사로 살라

"그런즉 누구든지 그리스도 안에 있으면 새로운 피조물이라 이전 것은 지나갔으니 보라 새것이 되었도다"(고후 5:17).

요한복음 3장 16절만큼 이 말씀을 많이 암송한다. 그런데 이 구절이 중요한 건 그 앞에 나오는 16절 때문이다. "그러므로 우리가 이제부터는 어떤 사람도 육신을 따라 알지 아니하노라 비록 우리가 그리스도도 육신을 따라 알았으나 이제부터는 그같이 알지 아니하노라."

여기서 육신을 따라 안다는 것은 세상의 가치관으로 사람을 본다는 말이다. 바울은 빌립보서 3장 4절에서 자신에 대해 다음과 같이 언급했다.

"그러나 나도 육체를 신뢰할 만하며 만일 누구든지 다른 이가 육체를 신뢰할 것이 있는 줄로 생각하면 나는 더욱 그러하리니."

사도 바울도 겉모습을 자랑하는 사람들 못지않게 내세울 것이 많다는 말이다. 바울은 가말리엘의 문하에서 공부했다. 지금으로 말하자면 하버드 대학 출신 정도라 할 수 있다. 히브리인 중의 히브리인으로 유대 사람인데도 태어나면서부터 로마 시민권을 가진 사람이다. 이처럼 그에게는 육체를 신뢰할 만한 것이 많았다.

예수님을 육체적인 면으로 살펴보면, 예수님은 마구간에서 나셨다. 물론 늦게 와서 숙소를 잡지 못한 탓도 있지만, 돈도 없으셨던 것 같다. 그리고 나사렛에서 자랐다. 요한복음에 보면 나다나엘은 나사렛에서 무슨 선한 것이 나겠냐고 한다. 당시에는 나사렛을 굉장히 하찮게 여겼다는 것을 알 수 있다. 낙후된 시골이기도 하지만 군사 주둔 지역이었던 터라 윤리적으로 별로 좋지 않았다고 하는 말도 있다.

예수님은 그곳에 사는 가난한 목수의 아들이었다. 목수라 하면 예나 지금이나 존경이나 부러움의 대상이 되는 직업은 아니다. 예수님은 학벌도 없었다. 그렇다고 예수님의 외모가 우리가 흔히 보는 초상화처럼 멋있었을까? 이사야 선지자는 예수님의 외모를 말할 때 풍채도 없고 흠모할 만한 것이 없는 분이라고 했다. 육체적으로도 매력적인 장점이 없었다는 말이다.

예수님을 세상의 가치관으로 본다면 가문, 학벌, 돈, 외모 그 무엇도 자랑할 만한 것이 없다. 예수 그리스도를 육체가 아닌 하나님의 아들 메시아로 아는 것처럼 이제 누구든지 그리스도 안에 있다면 새로운 피조물로서 더는 자신을 육체의 기준을 따라 평가하고 자랑하며 살아서는 안 된다. 그리스도 안에 있다면 이전 것은 지나가고 새것이 된 존재다. 그리스도인은 세상 기준에 의해 열등감이나 우월감에 휩싸여 사는 그런 존재가 아니다.

세상의 힘, 그 잣대와 열등감

젊었을 때 내 이상은 사람들한테 인기 있는 사람이 되는 것이었지만, 현실은 그렇지 못했다. 이처럼 이상과 현실이 극명한 대조를 이룰 때 열등감이 생겨난다. 세상에서 형성된 가치 조건에 자신의 현실이 부합하지 못할 때 열등감을 느낀다. 외모, 학벌, 부모의 능력, 직업, 사회적 위치와 같은 조건들을 다른 사람들과 비교할 때 열등감과 우월감이 생긴다.

물론 인간에게는 비교의 기능이 있다. 그런데 비교의 기능이 가치 기능이 되어 누군가와 상대적으로 자기를 비교해서 그 사람이 나보다 더 많이 가졌다면 그는 나보다 더 나은 존재고, 내가 더 높으면 내가 더 우월한 존재로 느낀다.

그럼 정상적인 비교 기능이 가치를 부여하는 기능으로 바뀌는 판단의 척도는 무엇인가? 바로 이 세상의 가치 잣대이다. 가인의 문화에서 힘이 되기에 최고 가치라고 생각하는 것들, 자기를 강화해 줄 수 있고, 나의 미래를 보장해 줄 수 있고, 한정된 자원을 더 많이 가질 수 있게 하는 것들에 더 가치를 두고 저울질할 때 열등하거나 우월하다고 생각하게 된다.

안식년을 미국에서 보낼 때였다. 어느 교수님의 사모님은 한국에서 온 교환 교수의 아내들과는 잘 어울리질 않았다. 고등학교까지 공부한 사모님은 교수 부인들과 얘기를 나누다 보면, 자연스레 학벌 이야기가 나오니 불편했다. 그래서 그 사모님은 오히려 옛날 미군들과 결혼해서 오신 나이 드신 분들과 자주 만났다. 그분들 중에는 한글을 잘 읽지 못하는 분도 계셨다. 그분들은 자신들처럼 못 배운 사람과 어울리니 그 사모님이 정말 겸손하다고 좋아하셨.

남편은 서울대까지 나와서 교수를 하지만, 자신은 대학을 못 나왔기에 학번이나 전공을 물어보면 대답할 말이 없었다. 그래서 다른 교수 부인들과 자연스러운 교제를 갖지 못했다. 이런 눌림이 바로 세상의 가치관이 주는 열등감이다.

비합리적인 것이 뻔히 보이는데도 불구하고 자기주장이 강하고 고집스러운 사람, 매사가 자기 방어적이고 자기 합리화를 일삼는 사람, 자신에 대한 비판에 너무 민감하고 주위 사람들의 웃음이나 귓속말들이 다 자기 이야기라고 착각하는 사람, 유별나게 아첨하기를 좋아하고 아첨하는 소리를 듣기 좋아하는 사람, 아니면 지나친 허풍, 분에 넘치는 너무 높은 목표 설정, 요란한 옷치장이나 자기 과시, 출세하고 성공한 사람들과 자기를 연관시키려는 등의 모습은 다 알고 보면 열등감에서 말미암은 것이다.

그런데 가인의 문화에서 형성되는 이런 열등감은 나를 사랑하는 부모에 의해 형성될 때가 많다. 물론 부모님도 자식에게 열등감을 심어 주려고 그러는 것은 아니다. 다만 자식을 너무 사랑하기에 세상의 힘을 갖고 당당하게 살아가기 원하는 마음으로 잔소리한다.

"첫째가 되라. 성공해야 한다. 큰 인물이 되어야 한다. 노력하면 못 할 것이 없어. 높은 사람이 되어야 해. 고지를 점령해야 해. 이렇게 해야 해."

우리는 항상 강한 힘을 가져야 한다고 요구하는 말들로 어릴 때부터 짓눌려 왔다.

내가 청년 때 모임의 리더였던 한 형제는 서울대 치대를 나왔다. 그런데 그 형제는 자신이 서울대 치대밖에 못 나와서 힘들다고 하소연을 했다.

"형, 나는 내 안에 모차르트가 있어."

천재 음악가 모차르트를 바라보면서 항상 질투하고 열등감을 느끼던 궁전 악장 살리에리(Antonio Salieri)에 비유해 자신의 이야기를 한 것이다. 겉으로 보기에는 부족함이 없어 보이는 그 친구의 열등감은, 다른 사람과 비교할 때 항상 잘해도 자신의 눌림 때문에 만족하지 못하는 점이었다.

우리가 느끼는 열등감의 대부분은 내게 가장 가깝고 영향력을 주는 부모, 선생, 친구들에 의해 형성된다. 편부, 편모, 계부, 계모 슬하에서 자란 경우 자신의 가정을 다른 사람에게 떳떳하게 이야기하지 못하는 열등감도 있다. 아버지가 술만 먹고 들어오면 두들겨 패고 부수는 지긋지긋한 집안, 이런 아픔과 열등감을 느끼며 하나님께 기도한다.

"하나님, 저를 축복해 주세요."

그러나 기도를 아무리 해도 열등감을 가져다준 원인이나 상황은 잘 바뀌지 않는다. 그러면 깊이 절망하며 하나님이 자신을 사랑하지 않는다고 생각한다. 우리는 어떻게 이런 세상이 가져다준 열등감으로부터 자유함을 얻을 수 있을까?

열등감 극복하기

죽으면 된다. 죽어 버리면 괴로울 것도 없고 반응하지도 않는다. 이 말의 의미가 무엇일까? 바로 그리스도와 함께 죽었음을 선포하라는 말이다. 이제 더 이상 세상의 가치관에 허우적거릴 수 없다. 하나님은 세상 잣대로 우리를 평가하지 않으시며, 우리 모두를 당신의 존귀한 걸작품으로 여기신다. 누가 감히 하나님의 작품을 실패작이라고 하는가?

가인의 문화에서는 열등감으로 느끼게 하는 세상의 잣대에 대해서 죽었음을 선포하라. 그리고 나를 나 그대로 받아들여라. 주님의 눈으로 나를 보라. 당신은 하나님의 걸작품이다.

분재나 수석은 희귀할수록 비싸기 마련이다. 만약 자기 외모도 희귀하다면 스스로 비싼 존재라고 생각하라. 국제결혼을 하거나,

한부모 슬하에서 자라거나, 이복형제들이나, 지체 장애우 등 다른 사람에게 없는 조건이 우리에게 있다면 이는 모두 하나님의 특별한 섭리가 있어서다.

가인의 문화에서는 열등한 것이고, 생존경쟁에서 낙오할 만하다고 평가할지 모른다. 그러나 주님 안에서는 특별한 의미가 있다. 위로하려는 말이 아니다. 하나님은 특별한 관심과 목적과 섭리가 있어서 우리를 그렇게 지으셨다. 자신을 그렇게 바라보아야 한다. 우리는 세상의 잣대에 그리스도와 함께 죽은 자들이다. 내 안에 살아 계실 이는 오직 그리스도이시다. 그리스도 안에서 특별한 하나님의 섭리와 목적을 믿어야 한다.

1900년 초 미국 보스턴 외곽에 한 정신 병동이 있었다. 어느 날 어린 여자아이가 한 명 들어왔는데, 그 어떤 치료에도 반응을 보이지 않았다. 결국에는 의사들도 치료를 포기하고 혼자 병동에 버려지고 말았다. 하지만 한 간호사가 하나님의 형상으로 만들어진 사람인데, 저렇게 방치되어서는 안 된다는 생각을 했다. 간호사는 매일매일 아이를 찾아갔다. 말도 걸어 보고 책도 읽어 주고 초콜릿도 주었다. 하지만 아이는 역시나 아무런 반응도 하지 않았다.

그러던 어느 날 간호사는 초콜릿이 없어진 걸 발견했다. 아이가 먹은 것이다. 아이가 반응했다는 사실에 간호사는 정말 기뻤다. 더 열심히 찾아가 책도 읽어 주고 말을 거니 아이가 조금씩 움직이기 시작했다. 간호사는 의사들을 설득해 다시 치료를 시작하도록 했다. 마침내 그 아이는 완치되었다. 건강을 회복한 아이는 자기처럼 어려운 사람들을 도와주는 사람이 되겠다고 결심했다.

그 후 1950년, 영국의 여왕이 그해에 가장 훌륭한 여성에게 상을 수여했다. 수상자는 헬렌 켈러였다. 듣지도, 보지도, 말하지도 못하는 장애를 뛰어넘은 그녀가 그런 상을 받게 된 것은 앤이라는 선생 덕이었다고 수상소감을 말한다. 헬렌 켈러의 선생 앤 설리반은 다름 아닌 정신 병동의 그 아이였다.

이처럼 세상의 가치관으로 볼 때는 열등할 수밖에 없는 조건이 주님의 특별한 섭리 속에서는 얼마나 귀한 뜻을 이루실지 알 수 없다. 이것은 세상과 가인의 논리로는 알 수가 없다. "난 정말 너무 힘들어요. 죽고 싶습니다"라고 말할 때, 그 힘든 조건은 세상에 대해서 목숨을 끊겠다는 말이 아니라 세상의 가치관과 잣대에 대해 내가 죽었음을 선포하는 말이 되어야 한다.

그리고 내 안에 그리스도가 사심을 선포하라.

> "내가 그리스도와 함께 십자가에 못 박혔나니 그런즉 이제는 내가 사는 것이 아니요 오직 내 안에 그리스도께서 사시는 것이라 이제 내가 육체 가운데 사는 것은 나를 사랑하사 나를 위하여 자기 자신을 버리신 하나님의 아들을 믿는 믿음 안에서 사는 것이라"(갈 2:20).

이 말씀처럼 새로운 나의 주인은 하나님이시다. 그리스도가 내 삶에 드러나셔서 주님이 영광을 받으실 때 나 됨의 기쁨이 있다. 내가 죽든지 살든지 내 안에 그리스도가 존귀하게 드러나길 원한다는 사도 바울의 고백처럼, 어떤 것을 통해서든지 그리스도가 높임을 받는 것이 삶의 목적이고, 내 안에서 하나님의 속성과 성품이 드러날 때, 하나님의 영광이 나타날 존재이다. 내가 어떤 조건을 많이 가지는 것이 하나님의 기쁨이 되고 영광이 되는 것이 아니라 주님 안에서 내가 가장 나다워지는 것이 하나님의 기쁨이고 영광이다.

"내가 가장 나다워진다"는 말은 하나님의 뜻이 내 안에서 실현되는 것이다. 내가 가장 나다워지는 것이 내가 가장 잘되는 것이다. 가인의 문화에서 무조건 힘을 갖고 성공하고 출세하는 것이 나의 나 됨이 아니다. 하나님이 나를 이 땅에 태어나게 하셨을 때 나를 향하신 하나님의 목적이 완전히 실현되어서 그것을 통해 주님의 이름이 존귀하게 드러나는 것이 하나님의 영광이다. 마치 퍼즐처럼 하나님의 큰 그림 안에서 내가 있어야 할 자리에서 내가 해야 할 역할을 함으로써 하나님의 큰 그림이 맞춰질 때, 내 존재 의미가 살아난다.

나의 생명이요 나의 주인이신 예수께서 나를 다스리시고 인도해 가신다. 우리 인생의 내일과 미래를 보장하시고 모든 필요를 공급하신다. 그분이 내 삶을 보장해 주시는 분임을 믿는다면, 그분이 내 인생에서 어떤 일을 시작하실지 기대하게 된다. 한 번도 살아 보지 않았던 새날을 시작하면서 오늘은 또 주님이 어떻게 인생을 끌고 가실지 기대하게 된다. 그리고 다시 오실 그 주님을 높이게 된다.

사실 나는 선교사로 나갈 수 있는 체질이 아니다. 어렸을 때부터 편식이 굉장히 심해서 어머니가 만든 음식이 아니면 다른 음식은 먹지도 못했다. 학창 시절 도시락을 먹을 때도 아이들이 내 반찬을 다 먹으면 도시락을 마저 먹지 않고 덮었다. 그런데 선교는 현지인들과 같이 밥 먹고 자고 뒹굴며 철저히 현지화가 되어야 한다. 그러니 내가 해외 선교를 한다는 것은 불가능에 가까운 일이었다. 그런데 선교에 대한 마음은 있었다. 그래서 하나님께서 나를 선교로 부르셨는지 확인하기 위해 단기선교여행을 떠났다.

처음 간 곳은 태국이었다. 태국은 물론이려니와 이후 다녀온 몇 나라 모두 음식마다 독특한 향이 있어 먹을 수가 없었다. 이래서는 도저히 선교사를 못 할 것 같다는 생각이 들었다. 그런데 선교를 같이 갔던 일행 중 한 명이 "형은 일본이 맞을 것 같아요"라며 일본을 권하는 것이 아닌가! 순간 우동과 단무지가 머릿속에 떠올랐다. "맞아, 그건 할 수 있을 거 같아."

돌아오자마자 일본에 계시는 선교사님께 연락을 드리고 일본을 방문했다. 그때 나는 한국에서 캠퍼스 사역을 하고 있었다. 그런데 마침 방문한 곳의 일본 선교사님께서 나처럼 캠퍼스 사역을 하던 선교사를 일본으로 보내 달라고 기도 중이셨다고 했다. 한국으로 돌아와 GMTC 선교훈련원에 입학했다. 하지만 사실 마음속에서는 일본이라는 확신도 없었고, 캠퍼스 사역과 전도사 생활을 하느라 모아 둔 돈도 없었다. 게다가 다들 결혼해 부부 선교사로 나가는데, 나는 33살 싱글이었다.

그런데 어느 날 한 교회에서 연락이 왔다. 그 교회 담임목사님이 일본을 방문했는데 기차 여행을 하는 내내 십자가를 볼 수 없었다고 한다. 목사님은 그 자리에서 일본으로 선교사를 보내겠다고 서원기도를 했단다. 목사님은 처음 인터뷰 자리에서 후원교회가 되어 파송해 주겠으니 일본 선교사로 가라고 하셨다. 이렇게 길이 열리는구나 싶어 깜짝 놀랐다.

그 이후로 놀라운 일들은 계속됐다. 파송 교회가 정해지고 일본 비자도 28일 만에 쉽게 나왔다. 아내와도 일본 출국을 앞두고 결혼했다. 순탄한 환경적인 인도를 보며, 나는 일본에 가서 와세다 대학을 비롯해 많은 대학들의 캠퍼스를 뒤집어 놓을 수 있을 것만 같았다. 그렇게 일본 교회에도 한국의 서울침례교회, 내수동교회 청년 대학부 같은 모임을 만들어 보겠다고 야무진 마음을 품었다.

하지만 뭔가를 보여 주겠다며 크게 품은 포부와는 달리 많은 열매를 맺지 못했다. 그러자 점점 일본 선교에 대한 패배의식이 나를 사로잡았다.

그렇게 두 번째 사역 기간을 마치고 안식년을 보내고 있었다. 10년 정도 일본에 살다 보니까 이제야 일본을 조금 알 것만 같았다. 그런데 전혀 뜻밖에 상하이연합교회로부터 청빙을 받게 되었다.

중국은 정말 'ㅈ'자도 생각해 본 적이 없었다. 게다가 나는 체질적으로 현지화가 안 되는 선교사가 아니던가? 중국은 지저분하다는 선입견 때문에 영 적응할 자신이 없었다. 그러나 추천하신 분이고 옥한흠 목사님이셨기에 거절할 처지도 아니었다. 청빙 절차를 따라 상하이에서 주일 설교를 하게 되었다. 2000년도 초반, 매우 열악한 환경이었는데 성도들이 찬양하는 모습이 참으로 열정적이었다. 그런 성도들을 바라보면서 목자 없는 양이 떠올라 안타까운 마음을 지울 수가 없었다.

마침내 청빙 결정이 확정되었다. 난 박사학위 소유자도 아니고, 목회 경험이 있는 것도 아니고, 목사 안수받은 뒤 10년간 선교사였던 나를 선뜻 목회자로 결정했다는 것이 뜻밖이었다. 그런데도 나는 어떻게 해야 할지 망설였다. 정말 간절히 기도했다. 하나님의 뜻이 어디에 있는지 주의 음성 듣기를 사모했다. 그러나 QT를 통해서도 딱 부러진 하나님의 음성은 들리지 않았다. 아내는 나의 결정을 따르겠다고 했다.

그런데 기도하던 중에 '이렇게 잘 모를 때는 좁은 길로 가자'는 생각이 들었다. 그리고 한 가지 주신 확신이 있었다. 내가 어떻게 결정하든지 주님은 나와 함께하신다는 사실이었다. 그렇게 상하이한인교회로 사역지를 옮겼다.

지금까지 상하이에서 만 13년째 사역하고 있다. 사역하는 처음 얼마 동안 아픔도 있고, 눈물도 있고, 고난도 많았다. 그런데 중국 상하이 땅에 기적과 같은 일이 일어났다. 최초로 한국인들이 모여 예배할 수 있는 공간이 허락되었다. 현 예배당 시설에서 3,000여 명의 성도가 주일 예배 및 주일학교가 운영되고 있다. 유학생 수련회인 코스타도 10년째 계속하고 있다.

더욱 감사한 것은 상하이한인연합교회를 통해서 주님을 인격적으로 만났고 기독교 신앙의 본질을 깨닫게 되었다는 신앙 간증이 참 많다는 것이다. 교회에는 수많은 성경공부 모임이 생겨났으며,

말씀을 통한 신앙 성장과 열매도 나타났다. 한인디아스포라교회를 섬길 뿐만 아니라 중국 교회와 파트너십을 가지고 사역할 수 있었으며, BAM(Business as Mission) 포럼을 주도할 수 있었고 북한을 향한 특수 사역도 계획할 수 있었다.

내게는 열망이 하나 있다. 사람들이 나를 통해 나의 어떤 특별한 면을 보기보다는 나의 부족함과 연약함에도 내 인생을 이끌어 가시는 주님께서 동일하게 그들의 가슴 속에서도 그들을 도우시며 이끌어 가고 계신다는 것을 보여 주고 싶다. 우리가 열등하다고 느끼는 모든 문제, 가인의 문화에서 자신이 붙잡은 모든 것을 내려놓고 주님이 우리 인생을 빚어 가시는 걸 기대하는 것이다.

이전에는 내 인생의 미래를 내가 설계해야 한다는 부담감이 있었다. 그러나 지금은 나의 미래가 하나님께 있다는 걸 믿고 내 인생의 소유권과 결정권을 그분께 맡기고 있다. 지금 당신이 어떤 조건과 상황에 놓여 있든지 주님께서 당신을 여전히 책임지고 인도해 가신다는 사실을 믿음으로 받아들이기를 바란다.

부르심과 은사로 살라

내 안의 주님이 내 인생을 인도해 가신다고 해서 아무것도 하지 않고 팔짱 끼고 하늘만 쳐다보고 있어서는 안 된다. 우리는 각자의 부르심과 은사를 따라 열심히 살아야 한다. 주님의 행하심을 믿음으로 바라보며 오늘 나에게 주어진 상황과 여건 속에서 최선을 다해야 한다.

공부를 열심히 하겠다고 결심했다고 하자. 책상 정리하고, 방 청소하고, 계획표를 짜서 목표량을 짜임새 있게 정리했다. 그리고 책상에 앉아 책을 펴고 실천하려 하는데, 방 청소하고 계획 짜느라고 너무 피곤해서 그만 잠이 들고 말았다. 하루에 네 시간만 자고 공부할 것이라고 결심해도 작심삼일이 되어 버린다.

최선을 다한다는 것은 이렇게 지키지 못할 것을 결심만 하고 반복한다는 말이 아니다. 최선은 지금 할 수 있는 조건과 상황에서 한 발자국 더 나아가는 것이다. 한 발자국 나아가는 것 또한 주님께 능력을 구해야 한다.

가인의 문화는 힘을 추구한다. 하지만 그리스도인은 성령의 능력으로 살아간다. 우리에게 힘은 예수 그리스도이시다. 하나님 자체가 힘이시다. 그 하나님을 의지하고 의뢰하고 믿는 것이다. 하나님은 능력을 주신다. 세상의 힘이 아닌 성령의 능력을 주신다. 우리는 하나님이 주시는 능력으로 오늘의 환경을 이기고 감당한다. 웃을 수 없지만 웃을 수 있는 능력, 감당할 수 없지만 때론 감당할 수 있는 능력, 넘어갈 수 없지만 넘어갈 수 있는 능력을 우리에게 주신다. 그것도 넉넉하게 후히 주신다.

하나님을 의지한다고 해서 우리의 결정과 우리의 태도가 필요하지 않은 것은 아니다. 어떤 사람이 직장을 그만두고 개인 사업을 하고 싶었다. 그런데 아이들은 커 가는데 안정적인 월급을 포기하고 자영업을 하다 실패하면 어떡하나 불안했다. 어떻게 할까 고민하며 망설이는 문제들을 놓고 하나님께 기도하기 시작했다.

"하나님, 제가 회사를 계속 다닐지, 그만두고 자영업을 해야 할지 잘 모르겠습니다. 하나님, 또 제가 자영업을 한다면 땅콩 장사를 해야 할지 두부 장사, 아니, 콩나물 장사를 해야 할지 어떤 걸 해야 할지 모르겠습니다. 주님, 저의 인생을 다스리시고 인도하시는 주님께 제 삶을 의탁합니다. 주님께서 제 인생을 인도해 주십시오. 제가 주님으로 인해서 기뻐하게 하시고 주님만을 잘 좇아갈 수 있게 해 주십시오. 예수님의 이름으로 기도합니다. 아멘!"

그때 하나님께서 음성으로 아니면 환상으로 즉각 말씀해 주시면 얼마나 좋겠는가? 그런데 하나님은 대부분 그렇게 하지 않으신다. 물론 어떤 음성이나, 꿈이나, 혹은 QT할 때 말씀으로 인도하실 수 있다. 각자에게 맞는 방법으로 주어질 수도 있고, 또한 그것을 발견해 나가기도 해야 한다. 하지만 구체적으로 하나님의 음성을 듣지 못할 수도 있고, 아직 영적으로 어려 잘못 분별할 수도 있다.

중요한 것은 주님께 의뢰하고 순종하겠다는 자세다. 망설임은 자기에 대한 두려움이다. 실패할까, 손해 볼까, 잘못될까 두렵다. 이는 우리가 연약해서요 또 하나님을 전폭적으로 신뢰하지 못해서다. '어떻게 할까' 보다는 "하나님, 저에게 믿음을 주세요"라고 구해야 한다.

그래서 정말 주님에 대한 믿음과 주님의 뜻이 이루어질 것에 대한 확신이 서면, 선택하고 결정하는 문제가 한결 쉬워진다. 설사 이 결정으로 잘못되어도 내 걸음이 주님 안에 있다는 확신이 있으면 담대할 수 있다.

때로 하나님은 실패를 통해 우리를 훈련하시기도 한다. 실패를 통해 우리를 더 단단하게 연단하시는 것이다. 그런데 우리가 축복과 성공만을 원한다면, 그것은 우리의 신앙이 여전히 너무 어리기 때문이다.

실패든 성공이든 하나님께서 내 삶을 인도하시고 다스리시는 분임을 믿기에 우리는 담대히 결정을 내릴 수 있다. 하나님의 다스림을 받고 주님의 통치를 받는 삶은 수동적이지 않다. 하나님을 믿고 순종하기에 더욱 담대히 결정하고 선택할 수 있다. 이 역설적인 신앙을 모두가 이해할 수 있기를 원한다.

물론 콩나물을 선택하지 않았기에 망할 수도 있다. 시장을 잘못 읽은 것일 수도 있다. 그러나 땅콩 장사에서 맛본 실패는 콩나물을 팔 때의 성공을 위한 밑거름이 될 수도 있다. 망설이고 주저하지 말자. 하나님을 신뢰하며 그 주권에 순종한다면 결단하고 행동해야 한다. 우리의 직업과 노동을 통해서 하나님의 주권과 통치하심이 우리 삶의 모든 영역에서 드러나도록 최선을 다해야 한다.

절대로 놓쳐서는 안 되는 진리가 있다. 하나님은 인간을 창조하시면서 각자의 열심과 노력으로만 살게 하지 않으셨다. 하나님은 우리를 각자의 부르심과 은사를 좇아 살도록 만드셨다. 어떻게 들으면 운명론처럼 들릴 수도 있다. 하지만 기독교는 운명론적인 순응이 아니다. 우리는 하나님의 주권적 섭리를 인정하고 믿는다.

하나님은 독수리도 만드시고 참새도 만드셨다. 사자도 만드시고 토끼도 만드셨다. 창조의 질서 가운데 각자의 역할과 각자의 독특함으로 보시기에 좋았다고 말씀하셨다. 그런데 죄로 말미암아 창조의 질서가 깨어지자 힘의 논리가 지배하게 되었다. 약육강식의 세계가 되었다. 그러자 참새와 토끼는 자신의 존재가 열등하다고 느끼게 되었다. 독수리나 사자로 태어나지 않은 것을 원망했다. 참새와 토끼는 꿈과 비전을 품고 최선을 다했다. "나는 독수리가 될 수 있어. 나는 사자가 될 수 있어."

그러나 참새와 토끼는 절대로 독수리나 사자가 될 수 없다. 하나님은 독수리는 독수리로, 참새는 참새로 각자 맡은 역할을 통해서 영광을 받기 원하신다.

하나님은 작고 작은 참새의 지저귐을 통해 찬양받기를 원하신다. 독수리가 되라, 사자가 되라고 강요하는 것은 가인의 문화, 세상의 힘의 문화다. 나는 나로서의 부르심과 은사를 좇아 열심을 다하면 된다. 문제는 게으름과 나태다.

독수리는 독수리로 살고, 참새는 참새로 살면 된다. 왜냐하면 하나님은 우리를 개별적 우열을 나누기보다는 공동체의 조화 속에서 내 존재의 독특함을 귀중히 여기시기 때문이다. 이것을 사도 바울은 고린도교회를 향해서 몸과 지체의 원리로 설명한다.

"몸은 하나인데 많은 지체가 있고 몸의 지체가 많으나 한 몸임과 같이 그리스도도 그러하니라. 우리가 유대인이나 헬라인이나 종이나 자유인이나 다 한 성령으로 세례를 받아 한 몸이 되었고, 또 다 한 성령을 마시게 하셨느니라. 몸은 한 지체뿐만 아니요 여럿이니 만일 발이 이르되 나는 손이 아니니 몸에 붙지 아니하였다 할지라도 이로써 몸에 붙지 아니한 것이 아니요. 또 귀가 이르되 나는 눈이 아니니 몸에 붙지 아니하였다 할지라도 이로써 몸에 붙지 아니한 것이 아니니 만일 온 몸이 눈이면 듣는 곳은 어디며 온 몸이 듣는 곳이면 냄새 맡는 곳은 어디냐 그러나 이제 하나님이 그 원하시는 대로 지체를 각각 몸에 두셨으니 만일 다 한 지체뿐이면 몸은 어디냐 이제 지체는 많으나 몸은 하나라. 눈이 손더러 내가 너를 쓸 데가 없다 하거나 또한 머리가 발더러 내가 너를 쓸 데가 없다 하지 못하리라. 그뿐 아니라 더 약하게 보이는 몸의 지체가 도리어 요긴하고, 우리가 몸의 덜 귀히 여기는 그것들을 더욱 귀한 것들로 입혀 주며 우리의 아름답지 못한 지체는 더욱 아름다운 것을 얻느니라. 그런즉 우리의 아름다운 지체는 그럴 필요가 없느니라 오직 하나님이 몸을 고르게 하여 부족한 지체에게 귀중함을 더하사 몸 가운데서 분쟁이 없고 오직 여러 지체가 서로 같이 돌보게 하셨느니라. 만일 한 지체가 고통을 받으면 모든 지체가 함께 고통을 받고 한 지체가 영광을 얻으면 모든 지체가 함께 즐거워하느니라. 너희는 그리스도의 몸이요 지체의 각 부분이라"(고전 12:12-27).

열심히 살다 보면 열매가 맺힌다. 이것은 하나님이 세우신 자연법칙이다. 맺은 열매는 이웃과 나누어야 한다. 열심히 공부해서 박사가 되었다고, 돈을 많이 갖게 되었다고, 외모가 예쁘다고 목에 힘을 주면 안 된다. 그렇게 세상의 가치 논리에 빠지면 다시 그리스도와 함께 죽었음을 선포해야 한다. 어떤 것들로 인해서 얻어지는 열매가 있다고 그 열매를 다시 자기를 강화하는 데 사용해서는 안 된다. 그 열매를 사랑해서는 안 된다. 우리가 얻은 열매는 그것이 없는 이를 위해 사용해야 한다.

왜 열매를 나누면서 살아가야 할까? 이 땅에서 얻는 삶의 열매들은 우리가 누릴 수 있는 축복임과 동시에 열매가 없는 우리 이웃들과 나누라고 내게 맡기신 것들이기 때문이다. 심판과 상급은 우리가 이 땅을 떠나 미래적 하나님 나라에서 주님 앞에 섰을 때 주실 것이다.

내가 선 곳
거룩한 땅

내게 주어진
환경으로부터의 자유

: 하나님의 주권을 인정하라

    어떤 사람은 태어나면서부터 선천성 뇌성마비 장애를 갖고 태어난다. 또 어떤 사람은 자신의 의지와 결정과는 전혀 상관없이 아픔과 고통을 안고 인생을 살아간다. 어떤 이는 아버지가 누군지 모른 채 살면서 힘든 삶의 여정을 걸어야 한다.
    우리 의지와는 눈곱만큼도 관계없지만, 부주의해서든, 우연이든, 무지에 의해서든, 어쩔 수 없이 주어진 조건과 환경 때문이든 우리를 무겁게 짓누르는 불편한 환경이 있다. 우리가 아무리 열심을 내도 해결할 수 없는 이런 문제들을 왜 겪으며 살아야 하는 것일까? 고난은 위장된 축복이라 말하지만, 운명처럼 주어진 이 고난이 너무도 힘겨워 의문에 대한 답이 필요하다.
    성경에 보면 지극히 복된 삶을 살다가 하루아침에 온갖 고난을 한

꺼번에 떠안은 욥이 나온다. 욥은 자신이 그렇게 고난을 받는 이유가 하나님이 자신을 정금같이 단련하시기 위해서라고 한다(욥 23:10 참조). 그래서 욥은 자신이 오래 참고 인내하다 보면 어느 날 하나님이 좋은 날을 주실 것이라 믿었다. 이것이 욥의 논리였다.

이때 욥의 친구들은 욥의 논리에 반박한다. 그리고 욥의 고난은 바로 그가 지은 죄 때문이라고 말한다. 그러니 회개하면 하나님이 용서하시고 좋은 날을 주실지 모르니 얼른 회개하라고 한다. 욥은 세 친구의 논리에 대한 반박을 이어 간다.

여기에 대해 하나님이 38장에서 폭풍 가운데 임하시어 욥에게 말씀하신다.

"무지한 말로 생각을 어둡게 하는 자가 누구냐 너는 대장부처럼 허리를 묶고 내가 네게 묻는 것을 대답할지니라"(2-3절) 하시면서 하나님은 욥에게 백 가지 이상의 질문을 시작하신다.

"내가 땅의 기초를 놓을 때에 네가 어디 있었느냐 네가 깨달아 알았거든 말할지니라 누가 그것의 도량법을 정하였는지, 누가 그 줄을 그것의 위에 띄웠는지 네가 아느냐 그것의 주추는 무엇 위에 세웠으며 그 모퉁잇돌을 누가 놓았느냐 그때에 새벽 별들이 기뻐 노래하며 하나님의 아들들이 다 기뻐 소리를 질렀느니라 바다가 그 모태에서 터져 나올 때에 문으로 그것을 가둔 자가 누구냐."

마치 물리 시험을 치는 듯한 구절이 이어지다가 39장에서는 생물 시험으로 바뀐다. "산염소가 새끼 치는 때를 네가 아느냐 암사슴이 새끼 낳는 것을 네가 본 적이 있느냐 그것이 몇 달 만에 만삭되는지 아느냐 그 낳을 때를 아느냐"(1-2절).

40장에서는 "여호와께서 또 욥에게 일러 말씀하시되 트집 잡는 자가 전능자와 다투겠느냐 하나님을 탓하는 자는 대답할지니라 욥이 여호와께 대답하여 이르되 보소서 나는 비천하오니 무엇이라 주께 대답하리이까 손으로 내 입을 가릴 뿐이로소이다 내가 한 번 말하였사온즉 다시는 더 대답하지 아니하겠나이다"(1-5절)라고 한다.

그러나 하나님은 계속 몰아치신다. "그때에 여호와께서 폭풍우 가운데에서 욥에게 일러 말씀하시되 너는 대장부처럼 허리를 묶고 내가 네게 묻겠으니 내게 대답할지니라"(6-7절). 그러고는 또다시 41장에서 질문을 시작하신다. 그리고 42장에 결론이 나온다.

"욥이 여호와께 대답하여 이르되 주께서는 못 하실 일이 없사오며 무슨 계획이든지 못 이루실 것이 없는 줄 아오니 무지한 말로 이치를 가리는 자가 누구니이까 나는 깨닫지도 못한 일을 말하였고 스스로 알 수도 없고 헤아리기도 어려운 일을 말하였나이다 내가 말하겠사오니 주는 들으시고 내가 주께 묻겠사오니 주여 내게 알게 하옵소서 내가 주께 대하여 귀로 듣기만 하였사오나 이제는 눈으로 주를 뵈옵나이다 그러므로 내가 스스로 거두어들이고 티끌과 재 가운데에서 회개하나이다"(1-6절).

하나님은 네가 그렇게 잘 알면 한 번 대답해 보라고 말씀하셨지만, 욥은 하나도 대답하지 못했다. 욥은 하나님께서 정금같이 자기를 단련하기 위해 고난을 받는다고 여겼다. 그 말도 맞는 말이다. 하나님은 요셉을 정금같이 단련시키기 위해 고난을 내리셨다. 하지만 야곱은 죄 때문에 고난을 받았다. 히브리서에서는 죄에 대해 하나님께서 징계하지 않으면 사생자와 같다고 하신다. 그렇다면 세 친구의 논리도 맞다.

하나님의 주권을 인정하는 삶

그러나 욥기가 말하는 것은, 욥의 신앙을 사단 앞에서 자랑하기 위한 하나님의 뜻이든, 사단에게 욥의 시련을 허락하신 하나님의 의도를 다 헤아려 알 수 없다는 것이다.

욥의 논리도 세 친구의 논리도 다 맞는 것은 아니다. 욥기는 우리에게 주어진 고난 중에는 그 이유를 알 수 없는 것도 있다는 것을 말씀한다. 정금같이 단련하기 위한 고난도 있지만, 죄 때문에 당하는 고난도 있다. 때로 그 이유를 알 수 없는 하나님의 섭리도 있다. 이 땅에서는 모른다.

요한복음 9장을 보면, 태어날 때부터 시각장애인인 사람이 나온다. 제자들은 그 사람을 보면서 저 사람이 시각장애인이 된 것이 누구의 죄로 인한 것이냐고 예수께 묻는다. 그러자 예수께서 대답하셨다. "예수께서 대답하시되 이 사람이나 그 부모의 죄로 인한 것이 아니라 그에게서 하나님이 하시는 일을 나타내고자 하심이라" (요 9:3).

누구의 죄 문제가 아니라 그에게서 하나님의 하시는 일을 나타내고자 함이라고 말씀하신다. 이것이 비밀이다. 인간의 인식으로서는 알 수 없는 우리의 한계다.

우리는 하나님의 주권적 섭리를 인정해야 한다. 하나님이 왜 우리를 한국 사람으로 태어나게 하고, 이런 부모를 두게 했고, 이런 조건의 외모를 타고나게 했는지 알 수 없다. 왜 장애가 있는지, 이런 운명에 놓이고, 왜 이런 어려움을 겪어야 하는지 모르지만, 하나님은 신실하시다. 하나님은 절대 심술꾸러기가 아니다. 우리 인생을 마음대로 구기고 망가뜨리는 분이 아니다. 하나님은 예수님을 십자가에 내어 줄 정도로, 자기 아들의 심장을 내어 줄 정도로 우리를 사랑하시는 분이다.

우리는 하나님의 주권과 섭리를 믿음으로 받아들여야 한다.

우리는 이렇게 믿고 기도해야 한다.

"이해할 수 없습니다. 그러나 나는 믿겠습니다. 하나님, 이 고난을 통해 주님의 뜻을 이루십시오. 이 운명과 같은 아픔을 감당할 능력을 주십시오. 원망하거나 저버리지 않고 신실하신 하나님을 끝까지 따라갈 능력과 주님을 신뢰할 수 있는 믿음을 허락하여 주십시오. 오늘의 아픔을 끝까지 감당하여, 어느 날 그 미래의 영광스런 나라에 들어가면 그 해답을 알게 될 것이고, 그 영광스러운 나라 속에서는 오늘의 눈물과 아픔을 다 씻기실 것이고, 그 영광의 나라가 미래에는 반드시 이루어질 것을 내가 믿음으로 받아들이게 하옵소서."

운명의 굴레와 같은 괴로움 중에도 우리는 기뻐할 수 있다. 하나님은 우리가 항상 기뻐하며 살아가기를 원하신다. 그런데 항상 기뻐할 수 없는 조건들이 있기에 기도하라고 하신다. 쉬지 말고 기도해야 한다. 그런데 기도해도 안 바뀐다. 그러면 범사에 감사하라고 하신다. 그러면 감사하면서 주님을 좇아 가야 한다. 이유를 알 수 없지만 말이다. 우리를 향한 하나님의 뜻은 항상 기뻐하는 삶이다. 하나님은 우리가 기뻐하길 원하신다.

어떤 고난은 정금같이 우리를 단련하기 위해서고, 어떤 고난은 우리의 죄 때문일 수도 있다. 하지만 어떤 고난은 그 까닭을 도저히 알 수가 없다. 헤아릴 수도 이해할 수도 없다. 그럼에도 우리는 하나님의 신실함을 믿는다. 왜냐하면 하나님은 사랑이시기 때문이다.

이럴 때, 우리는 환경과 모든 고난으로부터의 진정한 자유를 누리게 된다. 신실하신 하나님의 주권적 섭리를 마음으로 인정할 때 말이다.

내가 선 곳,
거룩한 땅

맺는 말

> 나는 너희 아버지가 되고
> 너희는 나의 아들이 되리라

"내가 선 곳, 거룩한 땅."

오늘 우리가 사는 이 땅의 주인은 인간도 사단도 아니다. 이 세상의 주인은 하나님이시다. 하나님께서 친히 통치하시며 운행하신다. 우리는 하나님 나라의 영광스러운 백성이며 하나님을 아빠 아버지라고 부르는 자녀이다.

창조주이시며 역사의 주인이시며 구원자이신 하나님이, 오늘 나의 삶에 함께 임마누엘 하시며 영원히 함께하시기를 기뻐하신다. 따라서 하나님의 다스림에 순종하며 살아가는 우리 삶의 현장인 가정, 교회, 일터는 '내가 선 곳 거룩한 땅'이다. 우리는 내가 있는 곳에서 하나님의 하나님 되심을 나타내며 살아가는 자들이다.

어떤 로마 관리는 초대교회 성도들의 모습을 보면서 이렇게 보고 했다고 한다. "저들은 이 땅에 두 발을 딛고 서 있지만, 이 땅에 속한 자들이 아니라 하늘에 속한 자들입니다. 그리고 저들은 육신을 입고 살지만, 육으로 사는 자들이 아니라 하나님의 영으로 살아가는 자들입니다."

"나는 너희 하나님이 되고 너희는 나의 백성이 되리라."

이 말씀은 신, 구약을 통한 성경의 주제다. 우리는 이 말씀을 늘 기억하며 하나님과 교제하는 임마누엘의 삶을 살아야 한다. 하지만 사단은 우리가 이 진리에 이르지 못하도록 끊임없이 우리를 방해한다. 율법에 얽매이게 하고, 죄책감과 죄의식을 심어 준다.

사단의 참소에 속아 허우적거리며 살지 말고, 우리를 의롭다 하신 그분을 믿어야 한다. 비록 온통 똥 범벅이 되었더라도 우리가 하얀 돼지라는 것을 증거해야 한다. 이미 그리스도 안에서 우리를 의롭다 하신 그 의를 찬양하며 거룩한 삶을 살아야 한다.

세상의 가치관 때문에 열등감에 휩싸이고 어려운 환경에 놓일지라도 한 발자국 앞으로 나아가는 열심을 다하며 부르심과 은사를 좇아 나의 나 됨으로 살아야 한다. 그리고 그리스도 한 분으로 만족하며 살아야 한다. 때로 도저히 이해할 수 없는 고난이 있다면, 하나님의 주권 속에 그 사실을 끌어안고 가야 한다. 지긋지긋하고, 포기하고 싶고, 도망가고 싶은 환경, 내가 만약 이런 환경에서 태어나지만 않았다면, 내 인생이 더 잘될 것 같고 내 인생이 더 행복할 것처럼 생각할 수도 있다. 아니면 내 인생에 그때 그 사건만 없었다면, 하나님이 살아계신다면 왜 그때 나를 지켜 주지 않았는지 그때 왜 나를 외면하셨는지 이해하지 못할 수 있다. 그러나 하나님이 나를 떠나거나 버린 것이 아니다. 지금은 이해할 수 없지만, 하나님은 신실함으로 변함없이 우리를 사랑하시는 분이다.

그 하나님의 통치하심 앞에, 그 하나님의 다스림 앞에 순종하며, 우리가 하나님의 자녀인 것을 기뻐하며, 내가 선 곳 거룩한 땅에서 하나님의 하나님 되심을 선포하며 찬양하며 살아가야 한다.

이 땅에 재림하실 그 영광스런 주님을 생각하며, 그 주님으로 말미암아 이루어질 영원한 미래적 하나님 나라를 잊지 말아야 한다. 그 영광스런 나라를 꿈꾸며 이 땅을 살아가는 사람들이 바로 그리스도인이다.

이제 형식적인, 종교적인 틀에서 벗어나 하나님의 자녀 된 자유를 누리며 주님 앞으로 나아가라. 영원한 하나님의 나라가 있음을 믿고 의미 있는 삶이 되도록 최선을 다하라. 오늘 이 시대를 거슬러 올라가 영광스런 하나님 나라의 사람으로 드려지기를 원해야 한다. 우리는 하나님을 향하여 우리 마음과 목숨을 다하여 하나님을 사랑하고 성령을 좇아 살아가야 한다.

이제 더 이상 세상의 열등감이나 가인의 가치관에 매여 살지 말고, 하나님 나라의 가치관을 좇아 하나님 나라를 꿈꾸며 살아가야 한다. 그것이 하나님이 우리의 아버지가 되시고 우리가 그분의 자녀가 되는 길인 것이다.

오늘 내 인생을 가로막고 내 발목을 붙잡은 문제가 있다면, 이제는 그 얽매임에서 벗어나라. 그 문제들은 더 이상 내 인생의 웃음을 빼앗는 장애 요소가 아니다. 그것을 뛰어넘는 주님의 능력으로 말미암아 이기며 나아가라. 이제 신앙의 자유함을 갖고 더 믿음으로 주님께 나아갈 수 있도록 도와 달라고 기도하라.

어떤 이들은 삶에 뚜렷한 어려움이나 진지함도 없이, 목적도 의미도 없이 평범하게 그저 시키는 대로 그냥 살아온 이들도 있을 것이다. 하지만 이제부터는 영원한 하나님의 나라가 있기에 하나님 나라를 위해 가치 있고 의미 있는 삶을 살 수 있도록 기도하라.

죽은 물고기가 물에 떠밀리듯이 아무런 목적 없이 그냥 시간에 떠밀리는 삶이 아니라, 시대를 거슬러 올라가 영광스런 하나님 나라에 하나님의 사람으로 드려지길 소원하라.

그리고 이제 이렇게 기도하라.

"하나님, 제 인생의 발목을 붙잡는 지긋지긋한 문제들에서 벗어나 더 이상 삶의 의미와 목적 없이 살지 않기로 결단하겠습니다. 하나님, 제 인생을 도우사 하나님만으로 살아가게 하옵소서. 하나님의 다스림에 순종하며 살게 하옵소서.

이제 내 삶의 현장인 가정, 교회, 일터에서 하나님을 사랑하며 하나님의 나라를 꿈꾸며 살아가고 싶습니다. 하나님과 깊이 있는 교제를 나누면서 주의 얼굴을 구하고 하나님의 거룩함을 추구하며 살면서 성령으로 충만하게 하사 하나님 나라의 비전을 가지고 하나님의 사람으로 살아가게 하옵소서.

예수님의 이름으로 기도합니다. 아멘."

사명선언문

너희가 흠이 없고 순전하여……세상에서 그들 가운데 빛들로
나타내며 생명의 말씀을 밝혀 _ 빌 2:15-16

1. 생명을 담겠습니다
만드는 책에 주님 주신 생명을 담겠습니다.
그 책으로 복음을 선포하겠습니다.

2. 말씀을 밝히겠습니다
생명의 근본은 말씀입니다.
말씀을 밝혀 성도와 교회의 성장을 돕겠습니다.

3. 빛이 되겠습니다
시대와 영혼의 어두움을 밝혀 주님 앞으로 이끄는
빛이 되는 책을 만들겠습니다.

4. 순전히 행하겠습니다
책을 만들고 전하는 일과 경영하는 일에 부끄러움이 없는
정직함으로 행하겠습니다.

5. 끝까지 전파하겠습니다
모든 사람에게, 땅 끝까지, 주님 오시는 그날까지
복음을 전하는 사명을 다하겠습니다.

서점 안내

광화문점　서울시 종로구 새문안로 69 구세군회관 1층
　　　　　　02)737-2288 / 02)737-4623(F)

강남점　　서울시 서초구 신반포로 177 반포쇼핑타운 3동 2층
　　　　　　02)595-1211 / 02)595-3549(F)

구로점　　서울시 동작구 시흥대로 602, 3층 302호
　　　　　　02)858-8744 / 02)838-0653(F)

노원점　　서울시 노원구 동일로 1366 삼봉빌딩 지하 1층
　　　　　　02)938-7979 / 02)3391-6169(F)

일산점　　경기도 고양시 일산서구 중앙로 1391 레이크타운 지하 1층
　　　　　　031)916-8787 / 031)916-8788(F)

의정부점　경기도 의정부시 청사로47번길 12 성산타워 3층
　　　　　　031)845-0600 / 031)852-6930(F)

인터넷서점　www.lifebook.co.kr